日本の女帝の物語

橋本 治
Hashimoto Osamu

a pilot of wisdom

目次

第二章 「皇」の一字

1 もう一人の天智天皇の娘

文武天皇が譲位をした女帝／その天皇はどの天皇の血筋か／消される「天武天皇の血筋」／「天武天皇の血筋」が消される理由／「最有力」だったかもしれない天武天皇の皇子／天智天皇の孫の声／「一人前の女性の天皇ならいいが、子供の天皇はだめ」という正論／元明天皇の「背後」にあるもの／皇太后になれなかった（？）内親王／持統天皇の異母妹で持統天皇の嫁／聖武天皇よりも有力な皇位継承候補者／「女」であることに対して、どこからも文句は出ない／天皇家だけの「特別」

2 「皇」の一字

天智天皇の妻は誰？／「天皇家の娘」しか后にはなれない／「半ば伝説」の天皇達／外の一族の娘よりも、天皇家内の娘／葛城一族と天皇家の一族／側近官僚の時代／その皇統が途絶えたら――／入り婿の天皇と正嫡の皇子／どうして推古天皇は「厩戸皇子の子」を推さなかったのか？／「本流」

はじめに

数年前、日本では女性天皇に関する議論が起こりました。天皇のあり方を決める皇室典範には「皇位継承者は男子に限る」という規定があって、その頃の皇室には男子の誕生がない状態が続いていたからです。何年もの間、生まれるのは女子ばかりで、この状態がそのままになると、皇位継承者の資格を持つ男子が将来的にはいなくなってしまう――「だから、皇室典範を改正して女性天皇の可能性を開かなければならない」というのが、その議論の発端です。

各種の世論調査では「女性天皇容認」が多数派ではありましたが、それでどうなったというわけでもありません。秋篠宮《あきしののみや》家に悠仁《ひさひと》親王の御誕生があって、「皇位継承者の資格を持った男子が生まれてしまったんだから、もういいや」というようなノリで、「女性天皇、是か非か」の議論もどこかへ行ってしまいました。

どこかへ行ってしまった議論を今更ここで蒸し返そうという気も私にはないのですが、「女性天皇、是か非か」の議論が起こっている間に、私には「そうかな?」と思えるようなことがいくつかありました。まず第一は、「かつての日本の女性天皇は、すべて中継ぎの天皇であった」ということです。もう一つは、「日本の女性天皇は、すべて男系の女子で、女系の女子はいない」ということです。こういう話をいきなり始めても「遠い大昔のこと」ですから、「なにがなにやら？」ということになってしまいます。追い追い進めるしかないのですが、私が思うのは、「みんな昔のことをよく知らないんだな」という、それだけです。

私は『双調《そうじよう》平家物語』という、その「遠い大昔」に関する長い小説を十年ほどの間書き続けていて、昔のことを調べ直すと、今の常識的見解とはかなり違う、「え!?」と思うようなことが多かったので、そんなことを考えました。

たとえば「中継ぎの天皇」です。これは「次代により有力な天皇の即位が予定されているが、しかしなんらかの事情でその天皇の即位が実現出来ないので、それが可能になるまでの間天皇位にある、形ばかりの天皇」というように理解されています。日本の古代にいた何人もの女性天皇——女帝は、すべてこういう存在だから、「天皇としての実質的な意味を持たない」と考えられてしまうのですが、「中継ぎの天皇」は女性に限ったことではありません。男性の天皇だっています。あまりそのように考えられないので、その人が「中継ぎの天皇」だったということが忘れられているのですが、平安時代末期——保元《ほうげん》の乱から源平の動乱期に存在した有名な後白河《ごしらかわ》法皇が、その「中継ぎの天皇」です。

後白河天皇の即位は、当時の天皇家内部の複雑な人間関係を背景にして起こります。

後白河天皇は鳥羽《とば》天皇の皇子で、崇徳《すとく》天皇の弟ですが、鳥羽天皇の嫡男である崇徳天皇には、

「鳥羽天皇の后である待賢門院《たいけんもんいん》と、鳥羽天皇の祖父の白河法皇との密通によって生まれた」という秘められた事情があります（系図1参照）。

院政の時代を代表する白河法皇は、絶大なる権力を持っていて、彼には藤原璋子《たまこ》という養女がいた。白河法皇は、愛する璋子と肉体関係を持ち、彼女に孫の鳥羽天皇の后の地位を与えた――そうしておきながら、しばらくは彼女との間に肉体関係を持ち続けて、公式には「鳥羽天皇の皇子」である崇徳天皇を得る。崇徳天皇を愛していた――というよりも、その母となった璋子を愛する白河法皇は、崇徳天皇が五歳になった年、二十一歳の鳥羽天皇に譲位を命じて、崇徳天皇を即位させる。「天皇の生母」となった璋子には女院号を授けて「待賢門院」とする。

やりたい放題の白河法皇は、崇徳天皇即位の六年後には世を去って、鳥羽上皇の時代が来る。鳥羽上皇は藤原得子《なりこ》という女性を愛するようになって、彼女との間に男児を得る。その時に二十一歳になっていた崇徳天皇にはまだ子供がなかったので、この皇子は崇徳天皇の養子になる――これが近衛《このえ》天皇です。

ところがその翌年には、宮中の女房の兵衛佐《ひょうえのすけ》という女性が、崇徳天皇の男子を生む。重仁《しげひと》親王と名付けられたこの皇子は、鳥羽上皇の「妻」となっている藤原得子の養子となる。どうして父と子の間で、生まれた男子を交換するようなやや形で養子にし合うというややこしいことを

《系図1　後白河天皇の即位》

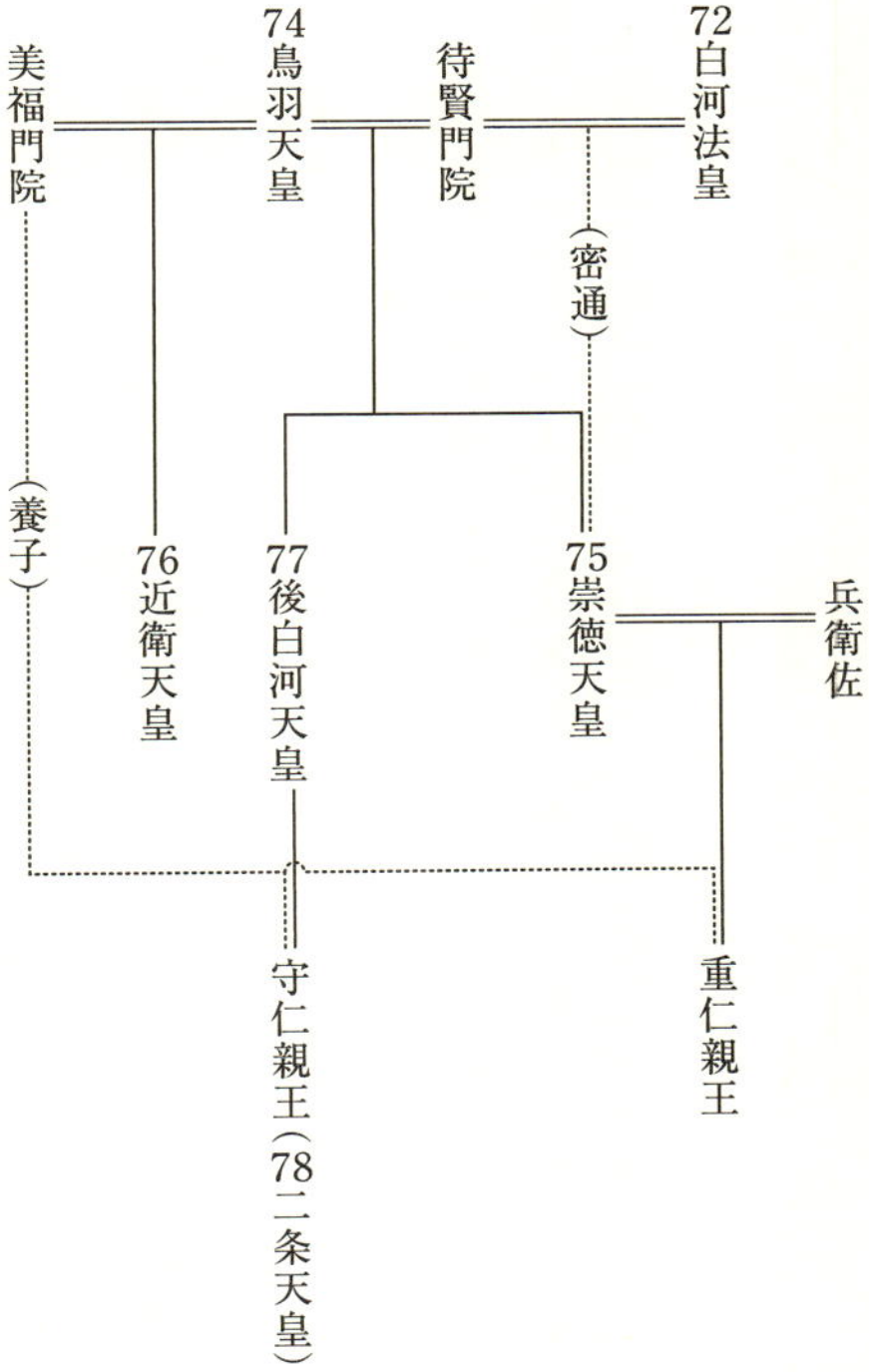

数字は天皇の代数

するのかと言えば、「そうすれば、自分の愛する女が生んだ男子を即位させることが出来る」という思惑があるからですね。

だから、崇徳天皇の養子になっていた近衛天皇が三歳になると、崇徳天皇からの譲位が起こる。「早く譲位しなさい」が鳥羽上皇と藤原得子側の考えで、「早く譲位すれば、自分の重仁親王の即位も早く起こるな」というのが、崇徳天皇側の考えです。ところが、鳥羽上皇は「不義の子」でもある崇徳上皇を、愛してはいない。だから、重仁親王への譲位なんかは起こりません。

三歳で即位した近衛天皇は、十七歳の年に死んでしまう。崇徳上皇は、「自分の重仁親王の出番だ」と身を乗り出しかけるけれども、近衛天皇の母で「美福門院《びふくもんいん》」の女院号を得ていた得子は、近衛天皇の死を「崇徳上皇の呪詛《じゅそ》によるもの」と信じ込んでいる。それで彼女は、重仁親王と共に自分の養子にしていた守仁《もりひと》親王の即位を考える。

重仁親王より三歳年下の守仁親王（当時はまだ守仁王）は、後白河天皇の子で、生まれると同時に母を亡くしていた。その子を養子にして育てる美福門院は「やさしい女性」かもしれないが、よく分からない。自分が生んだ近衛天皇を愛する彼女の中には、「近衛天皇の邪魔になりそうな皇子はみんな自分の養子にして、皇位継承者となる可能性をつぶしてしまえ」という発想だってないわけではない。だから、順当に行けば第一の即位候補者である重仁親王をはずして、「守仁親王を――」という発想になる。

得子を愛して「美福門院」にした鳥羽上皇――出家して鳥羽法皇となっているお方は、「あなたの自由にしなさい」とばかりに、国政を得子に預けてはいたけれど、さすがにこれには「ちょっと待てよ」という考えになって、自分の政治顧問のようにしていた信西《しんぜい》という出家者に、「それでいいんだろうか？」とご下問になる。

信西の答は明確で、「守仁王には父君がご健在であらせられるのですから、その方をさしおかれての御即位はまずいでしょう」ということになって、「守仁王の父」であった後白河天皇の即位ということになる。

後白河天皇は、鳥羽法皇と待賢門院の間に生まれた第四皇子（崇徳天皇と後白河天皇の間の二人の皇子は早世《そうせい》）だけれども、それまで即位を考えられたことはない。人柄に若干問題のある「出来の悪い落ちこぼれの皇子」のようにしか思われていなかったのが、二十九歳の年に「守仁親王への早々の譲位」を暗黙の前提にして即位をした。そのことを進言した信西が、後白河天皇の養育係でもあった乳母《めのと》の夫だったということもあるけれど、しかし、そんなこともまたどうでもよかった。後白河天皇は、「美福門院の養子となっている守仁親王の父」という理由だけで即位をする「中継ぎの天皇」でしかなかったからですね。

後白河天皇が即位した翌年には鳥羽法皇が死んで、それまで蔑《ないがし》ろにされ続けた崇徳上皇が

「兵を挙げる」というようなことをして、保元の乱から先の激動の時代へ進んで行くけれども、後白河天皇には、なにも期待されていなかった。実務の一切は側近の信西が取り仕切って、それを守仁親王を擁する美福門院がじっと見ていた。即位の三年後に後白河天皇は守仁親王へ譲位して、二条天皇の時代となる——その譲位の段取りさえも、信西と美福門院の相談で決められた。譲位の翌年には平治《へいじ》の乱が起こり、加速する動乱の時代の中で後白河上皇の「政治的才能」も開花して行きますが、それはまた「後の話」です。平治の乱というのは、譲位した後白河上皇の側近達による反乱劇ですが、そんなものが起こってしまうということは、「後白河上皇の存在が重要だった」ということではなくて、その逆の「後白河上皇はその側近達からさえも軽んじられていた」ということなのです。

後白河上皇——後に出家して後白河法皇は、「院政の時代が生んだ特殊なパーソナリティ」のようにも思われますが、院政の時代の天皇達は、多かれ少なかれ、後白河法皇的な色彩を有しています。

二十一歳で崇徳天皇に譲位した鳥羽天皇は、五歳で即位しています。崇徳天皇も即位は五歳で、譲位の時は二十三歳。近衛天皇は三歳で即位して十七歳で死亡——近衛天皇が生きて譲位をして近衛上皇と言われるような存在になっていれば、また違っていたかもしれませんが、近衛天皇の印象は希薄です。父の後白河天皇を「中継ぎの天皇」として十六歳で即位した「本命の天皇」――二条天皇は二十三歳で世を去りますが、この方の印象も希薄です。院政の時代の天皇は、いつの間にか「次代の天皇の即位を実現させるための中継ぎ的存在」になっていて、「譲位の後に実質的な指導力を発揮する」という不思議な存在になっています。「それは、院政という特殊な時代が生んだあり方だろう」と思われる人も多いかと思われますが、実は、ずっと以前からその原型はあります。後白河天皇の即位よりずっと以前の女帝、持統《じとう》天皇です。

七世紀の女帝である持統天皇は、孫の文武《もんむ》天皇の即位を実現させるために、即位して天皇となりました――そう理解してもいい天皇で、その点ではまさに「中継ぎの天皇」です。しかし、持統天皇の仕事は、「文武天皇に譲位して終わり」ではありません。「十五歳の文武天皇に譲位して、改めて持統上皇としての仕事が始められた」と言っても、過言ではありません。日本を「律令国家」たらしめる大宝律令が完成し公布されるのは、七〇一年から七〇二年にかけてですが、この時期、文武天皇は十九歳から二十歳です。「律令国家の実現」を可能にするには、まだ若すぎます。一方、譲位した持統上皇は、五十七歳から五十八歳。彼女はその以前、夫の天武《てんむ》天皇と共に「飛鳥清御原令《あすかきよみはらりよう》」の制定に従事しています。そして、五十八歳で世を去る直前に、全国に配布された律令の施行具合を調べるための巡察の旅に出ています――その旅を終えて都に帰って発病し、五十八歳の生涯を終えるのです。大宝律令の完成と公布は、「文武天皇によって実現された」ではなくて、「持統上皇によって実現された」と考えられるべきものです。

ということは、後白河天皇のいた十二世紀や、その曾祖父である白河上皇が院政を開始した十一世紀、あるいは八世紀初頭に奈良の都が出来上がる以前に、「院政」と言われるようなものは存在したということです。それをするだけの力を持った女帝が「中継ぎの天皇」として即位をするという、不思議なあり方をしていたということです。

持統天皇は、ある意味で「不思議なことをした人」です。でも、もしかしたらそれは、持統天皇自身にとっては、一向に「不思議なこと」ではなかったかもしれません。ここで妙に謎《なぞ》めかしたことを言っているのは、我々が「日本の古代にいた女帝達」のことを、あまり知らないからです。

日本の古代には、推古《すいこ》天皇、皇極《こうぎょく》=斉明《さいめい》天皇、持統天皇、元明《げんめい》天皇、元正《げんしょう》天皇、孝謙《こうけん》天皇と、六人の女帝がいました。その後は、江戸時代になるまで女帝は登場しません。ある意味で「飛鳥時代から奈良時代までは女帝の時代」なのです。そういう伝統があればこそ、ずっと後の院政の時代になっても、美福門院という女性の権力者が出現しうるのです。そういう考え方を我々がしないでいるというのは、「女帝の時代」に存在した女性天皇を、すべて「中継ぎの天皇としての実質を持たない天皇」と一括してしまうからだとしか思えません。

六人の女性天皇には、それぞれの個性があります。それを見ていけば、「中継ぎの天皇」という考え方自体の方がおかしいのではないかと思えてきますが、それを言っても大方の人の反応は「なんのことやら？」だろうと思われるので、さっさと本篇を始めることにします――。

第一章　「女帝」とはなんなのか？

1 「女帝」とはなんなのか?

◎「女帝」が立つ理由

平安時代以前の日本には、六人の女性天皇――女帝がいます。この人達は、どういう「理由」で天皇になったのでしょう?

最初の女帝である推古《すいこ》天皇は、世を去った敏達《びだつ》天皇の后でした。疫病《えきびよう》の流行で敏達天皇が世を去ると、母を異にする弟の用明《ようめい》天皇が即位しますが、こちらも即位の二年後に死亡。敏達天皇とも用明天皇とも母を異にする崇峻《すしゅん》天皇が即位しますが、彼は「時の権力者」である蘇《そ》我馬子《がのうまこ》によって暗殺され、敏達天皇の后だった炊屋《かしきや》姫が即位して、推古天皇になります(系図2参照)。

用明天皇の時代は天皇の周辺に政権奪取の動きが起こる不安定な時代で、新興勢力の蘇我氏と旧勢力の物部《もののべ》氏との間に戦いが起こります。勝った蘇我氏が覇権《はけん》を握り、その結果「蘇我氏の時代が来た」と思われているような時代です。一族を率いる蘇我馬子は、だからこそ、自分の意のままになる――母方の関係で言えば自身の姪《めい》に当たる、蘇我氏の血を引く推古天皇の擁《よう》

《系図2 推古天皇の周辺》

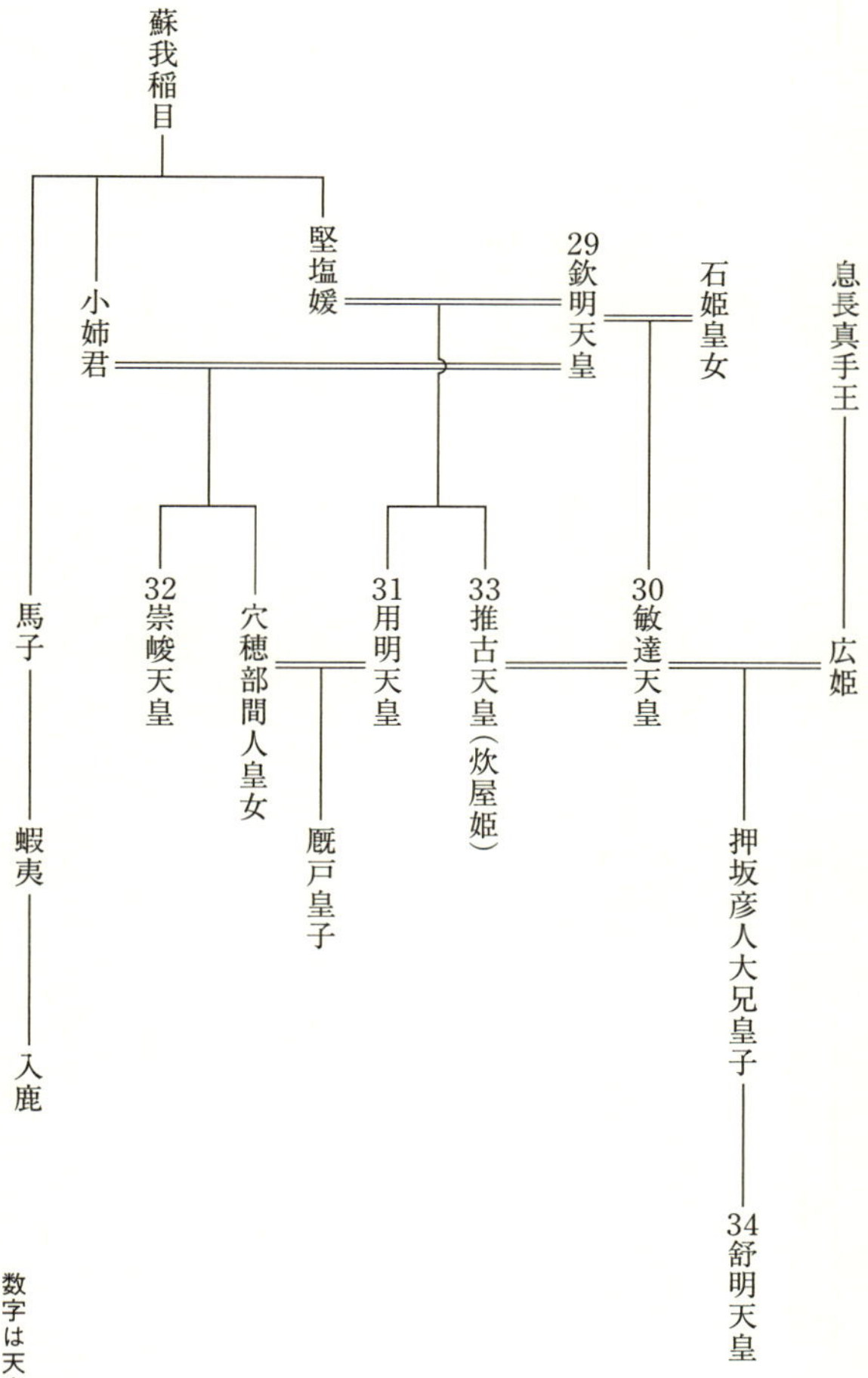

数字は天皇の代数

立《りつ》を考えた。そのようにも理解されています。

本来だったら蘇我馬子は、両親共に蘇我氏の血を引く用明天皇の子――厩戸皇子《うまやど》（聖徳太子）を天皇にしたかったのだけれど、崇峻天皇死亡時には、まだ厩戸皇子が十九歳と若く、そのために敏達天皇の后だった推古天皇を「中継ぎの天皇」として立てた――しかし、厩戸皇子の方が先に死んでしまったので、推古天皇の時代になった。おそらく、古代の女帝のイメージは、この「最初の女帝」である推古天皇のあり方――そのように理解されるものに大きく影響されているはずです。

推古天皇が女帝として立った理由は、以上からすれば二つです。一つは、近親の女性であるがゆえに、これを擁立する権力者蘇我馬子にとっては都合がよかった――つまりは「操りやすい」ということです。でも、実際にはどうだったか分かりません。

もう一つは、炊屋姫の他に有力な男子の皇位継承者がなく、そうであってしかるべき厩戸皇子がまだ若かったので、炊屋姫が即位するしかなかったということです。でも、これだって本当かどうかは分かりません。というのは、天皇が次の皇位継承者の成長を待って天皇位のバトンタッチをするためには、まだ生きて元気な天皇が、次の天皇候補者に「譲位」をするという手続きが必要になるからです。問題は、推古天皇が即位をする時期に「譲位」という発想や習慣があったかどうかということです。それがなければ、話にはなりません。

日本で「譲位」ということが起こるのは、推古天皇の二代後――二人目の女帝である皇極《こうぎょく》天皇の時です。推古天皇の即位は五九二年、皇極天皇の譲位は六四五年で、五十三年後のことです。

皇極天皇が天皇位を投げ出してしまう以前の日本に、「生きて健康な天皇が次の天皇に譲位をする」という発想があったのかどうかは疑問です。というのは、「若過ぎるという理由で即位を見送られた」と思われる厩戸皇子が死ぬのは、彼が四十九歳の時だからです。推古天皇の即位からは二十年がたっています。

皇極天皇の以前に「譲位」という習慣があったのなら、推古天皇はさっさと厩戸皇子に譲位をしていたってよかったのです。でも、その事実はありません。即位した推古天皇と厩戸皇子の仲が険悪になって、「朕《わたし》はあなたに御位を譲らない！」というようなことになってしまったという話もまた、聞きません。推古天皇の時代には、在位の天皇が生きて健康な間に譲位をするという習慣はなかったと考えるしかないのです。

ということは、どういうことでしょう？　一度天皇が即位してしまったら、その天皇が世を去るまで、天皇の交代は起こらないということです。つまり、「中継ぎの天皇」という発想自体が起こらないということです。

推古天皇は、厩戸皇子の即位を実現させるための「中継ぎの天皇」ではなかったのです。そして、だからこそまったく逆のことが考えられます。つまり、「推古天皇は他の有力な男子の皇位継承者の即位を阻止するため、后から天皇になった」です。

◎推古天皇の即位

崇峻天皇が殺された時、男の皇位継承候補者は、厩戸皇子の他にも一人いました。死んだ敏達天皇の皇子の押坂彦人大兄皇子《おしさかのひこひとのおおえ》です。敏達天皇の子ですが、この人は推古天皇の子ではありません。推古天皇は敏達天皇の二人目の后で、彼女の以前には広姫という女性が后として立っていました。彦人大兄皇子は広姫の子で、推古天皇が二十二歳の時に広姫《ひろひめ》が死んで、彼女は二人目の后となります。「大兄」というのは、後の皇太子にも等しいような意味を持つ言葉なのですから、推古天皇より古い后から生まれた彦人大兄皇子が崇峻天皇の後の天皇として即位をしても不思議はありません。

ところがしかし、この彦人大兄皇子は影の薄い人で、『日本書紀』には三度ばかり名前が出て来ますが、「で、どうなったの？」ということになると分かりません。だから、崇峻天皇が死んだ年に彼が生きていたのかどうかも、正確には「不明」で、「まだ生きていただろう」と言うしかありません。この皇子の子である舒明《じょめい》天皇が生まれたのは「崇峻天皇が殺された翌年」ですから、「崇峻天皇が殺された年に、彦人大兄皇子はまだ生きていただろう」と推察されるだけです。

だから当然、この皇子の年齢も不明なのですが、推古天皇が二十二歳の時に死んだ広姫には「一男二女」があったと『日本書紀』にはあります。彦人大兄皇子が一番年下の子なら、その年齢の下限は、「広姫が死んだ年に生まれた」で、数えの一歳です。厩戸皇子が生まれたのは、広姫の死ぬ前年なので、これでいくと厩戸皇子の方が年上になってしまいますが、二人はおそらく同年輩か、「彦人大兄皇子の方が年上」でしょう。不思議なのは、そういう立派な皇位継承候補者がありながら、その名がまったく忘れられているということです。

「聖徳太子」である厩戸皇子が圧倒的な有名人であるのに対して、「敏達天皇の最も有力な皇子」である彦人大兄皇子が忘れられている——だから今ここで細かい詮索《せんさく》をしなければならないということは、「『日本書紀』の編纂《へんさん》者が意図的に彦人大兄皇子の名を排除した結果」と考えられなくもありません。

崇峻天皇の死後に厩戸皇子の即位が考えられるのなら、彼よりももっと天皇位に近い彦人大兄皇子側は黙っていないかもしれません。厩戸皇子の父の用明天皇は、即位後二年で死んだ人ですが、彦人大兄皇子の父は、在位十四年です。だからこそ、「新天皇を出すのなら、用明天皇の側からではなく敏達天皇の側から」ということにもなります。しかし、彦人大兄皇子には、蘇我氏の血が一滴も流れていません。「それでは困る」と蘇我氏の側が考えて、「敏達天皇の正《せい》嫡《ちゃく》の皇子」ではなく「敏達天皇の后」が新天皇になった——ということだって、考えられるのです。

ただまァしかし、これは考え過ぎかもしれません。大化の改新で馬子の孫の入鹿《いるか》が殺されて以来、蘇我氏は過剰に悪者扱いされています。「蘇我氏だからそういう陰謀もありえた」と考えてしまうのは、いささか軽率でもあるかのように思えますが、しかし、推古天皇の即位には、「厩戸皇子へ天皇位を譲るため」という要素はなく、その逆の「彦人大兄皇子の即位をなくすため」という理由ならあるのです。

実際のところ、「推古天皇の即位を実現させてしまった理由」というのは分かりません。でもここには「有力な皇位継承候補者の排除」という一面もあります。「排除」と言うと陰謀めきますが、平和的に解釈すると「複数の皇位継承候補者の間で起こりうる争いを回避する」という効果です。これは、次の皇極天皇の場合になると、歴然として来ます。

◎**皇極天皇の即位**

皇極天皇は舒明天皇の后ですが、舒明天皇が死んだ時、既に有力な皇位継承候補者は二人いました。一人は、舒明天皇が即位をする際に天皇位を争った山背大兄王《やましろのおおえ》——世を去った厩戸皇子の嫡男です。山背大兄王の母親は、馬子亡き後の一族を率いるようになっていた蘇我蝦夷《えみし》

《系図3　皇極天皇の周辺》

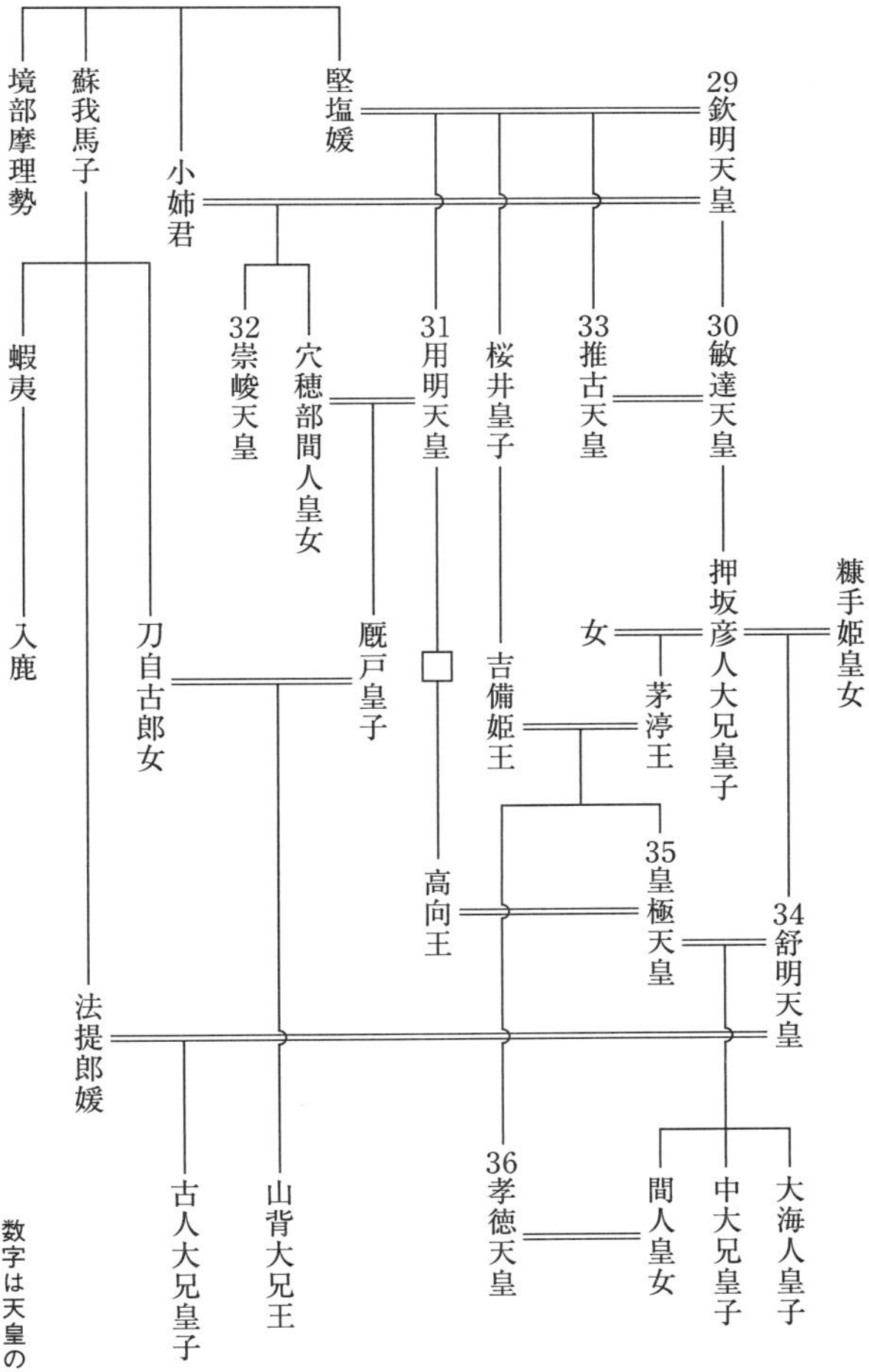

数字は天皇の代数

と母を同じくする妹、刀自古郎女《とじこのいらつめ》です。

もう一人の皇位継承候補者は、蝦夷、刀自古郎女兄妹とは母を異にする、蘇我馬子のもう一人の娘、法提郎媛《ほてのいらつめ》を母とする舒明天皇の子――古人大兄《ふるひとのおおえ》皇子です（系図3参照）。

自身との近しさから言えば、当時最大の権力者である蘇我蝦夷は、山背大兄王を擁立すべきでしょう。しかし、山背大兄王はいささか問題のある人で、推古天皇の死後に後継争いの騒ぎを起こしていました。蝦夷の叔父である境部摩理勢《さかいべのまりせ》が、山背大兄王擁立を策して蝦夷と対立した結果、蝦夷はこの叔父を討たなければならなかったのです。山背大兄王はこの争いを横目に見て無事生き延びましたが、山背大兄王が危険な要素を抱えていることに変わりはありません。

山背大兄王をはずして、舒明天皇の皇子である古人大兄皇子を即位させれば、また揉《も》め事が起こる可能性はあります。しかし、舒明天皇の后であった人を即位させてしまえば、その争いは回避出来ます。それを実現させてしまった蘇我蝦夷にすれば、「我が父馬子の先例を踏襲《とうしゅう》した」にもなるでしょう――そう考えてしまえば、推古天皇の即位にだって、「皇位継承にまつわる無用な争いを避けるため」という目的も見えて来ます。

果して、推古天皇の即位がそのような形の「平和目的」であったかどうかは分かりませんが、皇極天皇の即位が「平和目的」であったことだけは確かです。推古天皇は「蘇我氏の血を引く女性」でしたが、皇極天皇は「蘇我氏の血がほんの少ししか流れていない女性」だからです。

皇極天皇の母親は、推古天皇や用明天皇と同じ蘇我の堅塩媛《きたしひめ》を母親とする欽明《きんめい》天皇の子――桜井皇子《さくらいのみこ》の娘の吉備姫王《きびつひめ》です。おまけに彼女は再婚で、舒明天皇の后となる前は、用明天皇の孫の高向王《たかむく》の妻となっていました。母方の関係からすると、推古天皇や用明天皇に近い「蘇我氏系」でもありますが、父親は蘇我氏の血が一滴も混じらない茅渟王《ちぬ》――夫となった舒明天皇の異母兄弟です。舒明天皇と皇極天皇は、伯父（あるいは叔父）と姪の関係に当たって、言ってみれば皇極天皇は、「蘇我氏系と非蘇我氏系の中間的存在」です。蝦夷にとってみれば、「まったく遠い存在ではないが、そう近しくもない存在」です。おまけに、舒明天皇と皇極天皇の間には、蘇我氏とは更に遠い中大兄皇子《なかのおおえ》や大海人皇子《おおしあま》も誕生してしまっています。皇極天皇の即位には、中大兄皇子という新たなる皇位継承候補者をクローズアップさせてしまう作用もあります。蘇我氏にとって、あまりメリットのあることではありません。だから、皇極天皇の即位は、それを実現させた蘇我蝦夷にとっては、御世の平和維持策だったのだろうと考えられるのです。

もちろん、こういう言い方をする私は、皇極天皇の即位を、時の権力者蘇我蝦夷の政治的手法と考えています。というのは、同じ「天皇の后」であるにしろ、皇極天皇は推古天皇と違って、「積極的な支持が集まりにくい存在」だからです。

推古天皇は、敏達天皇とは腹違いの妹で、欽明天皇の皇女です。一方、皇極天皇は父が敏達天皇の孫で、母が欽明天皇の孫です。『日本書紀』では、即位前の皇極天皇を「宝皇女《たから》」と書きますが、天皇の曾孫に当たる女性に「皇女」の二文字は与えないものです。書くのなら「宝女王」とか「宝姫王」とあるのが普通のはずです。そして「女王」であるような人が天皇になることは、まずありません。六人いる古代の女帝の内、皇極天皇以外の人はすべて「天皇の娘」ですから、「天皇の后」であったにしろ、皇極天皇の即位は異例でもあるはずです。しかし、それであっても彼女は天皇になれてしまった。ということは、それを実現させる「力」が彼女の後ろにあったということです。つまり、彼女は時の権力者蘇我蝦夷の傀儡《かいらい》だったということです。

ここで改めて、推古天皇の即位時における「操りやすい」という要素が浮上して来ます。皇極天皇は、権力者蘇我蝦夷の傀儡で、その擁立の目的は「政争の回避」ということになると、「宝皇女」である皇極天皇に「即位の意志」があったのかどうかは分からないということです。「自分の意志によらず、他の皇位継承候補者たる男性を排するために即位する女帝」というイメージは、皇極天皇の登場によってはっきりします。そういう女性だからこそ、皇極天皇は、それまでに誰もしなかった「譲位」ということを実現してしまうのかもしれません。

皇極天皇の「譲位」というのは、大化の改新による天皇の交代です。自分の息子である中大兄皇子が、その目の前で自分のバックを支える蘇我氏の長——蝦夷の後を享《う》けた入鹿を殺してしまうというのが、皇極天皇の目から見た大化の改新です。あまりそのような形で理解されないのは、彼女が「天皇としての実質を持たない女帝」と思われているからかもしれませんが、そういう女性だからこそ、「もう朕《わたし》はいや！」で天皇の地位を投げ出してしまえたのかもしれません。

◎「中継ぎ」として存在する女帝達

皇極天皇が表明した意志は、あえて言ってしまえば、「朕はもう天皇を辞める」だけです。そんな彼女が、「自分が天皇として即位する理由」をどこまで理解していたのかは分かりません。しかし、皇極天皇の後の三人目の女帝である持統天皇になると、その即位の目的や即位に向けての意志は明確になります。持統天皇の即位の目的は、「愛する息子の忘れ形見を次代の天皇にするため」で、このことは、四人目の女帝である元明天皇や五人目の女帝である元正《げんしよう》天皇にまで受け継がれます。

彼女達のあり方は、もちろん「中継ぎの天皇」です。だから、彼女達は譲位をします。皇極天皇の段階で、譲位というものは天皇交代のシステムとして、当たり前のように定着しました。だから、「愛する我が子の忘れ形見」を即位させるために天皇になったのに、それを実現させせず、途中で「中継ぎのバトンタッチ」をしてしまう元明天皇のような女帝も登場します（系図4参照）。

「中継ぎ」であることを了承し、その中継ぎをバトンタッチしてしまう天皇は元明天皇だけですが、なぜ彼女はそんなことをしたのでしょう？

元明天皇が守っていた天皇位は、孫の聖武《しょうむ》天皇を即位させるためのものですが、聖武天皇が十五歳になった年、元明天皇は娘の元正天皇に譲位をしてしまいます。彼女の即位の八年後で、理由は「もう疲れた」です。「もう疲れた」で、既に皇太子になっていた聖武天皇が「まだ若くて一人前ではない」という理由が、孫の聖武天皇ではなく、聖武天皇の伯母である元正天皇への譲位です。「中継ぎのバトンタッチ」などという不思議なことをさせられた天皇は元正天皇だけですが、どうしてそういうことが起こるのかというと、それは「まだ天皇を支える組織がしっかりしていなかったから」です。

組織がしっかりしていないから、誰かが天皇の座にあって、これを守っていなければならない——これが女帝の頻出《ひんしゅつ》した平安時代以前の現実で、平安時代になればこんなことをする必要がなくなります。どうしてかと言えば、天皇に代わって政務の実権を握る摂政《せっしょう》や関白が恒常的に存在しているから、天皇が一人前である必要さえなくなるのです。

平安時代になれば、年若い天皇や幼い天皇は当たり前にいます。「その天皇を守る人間」が

《系図4 中継ぎの女帝達》

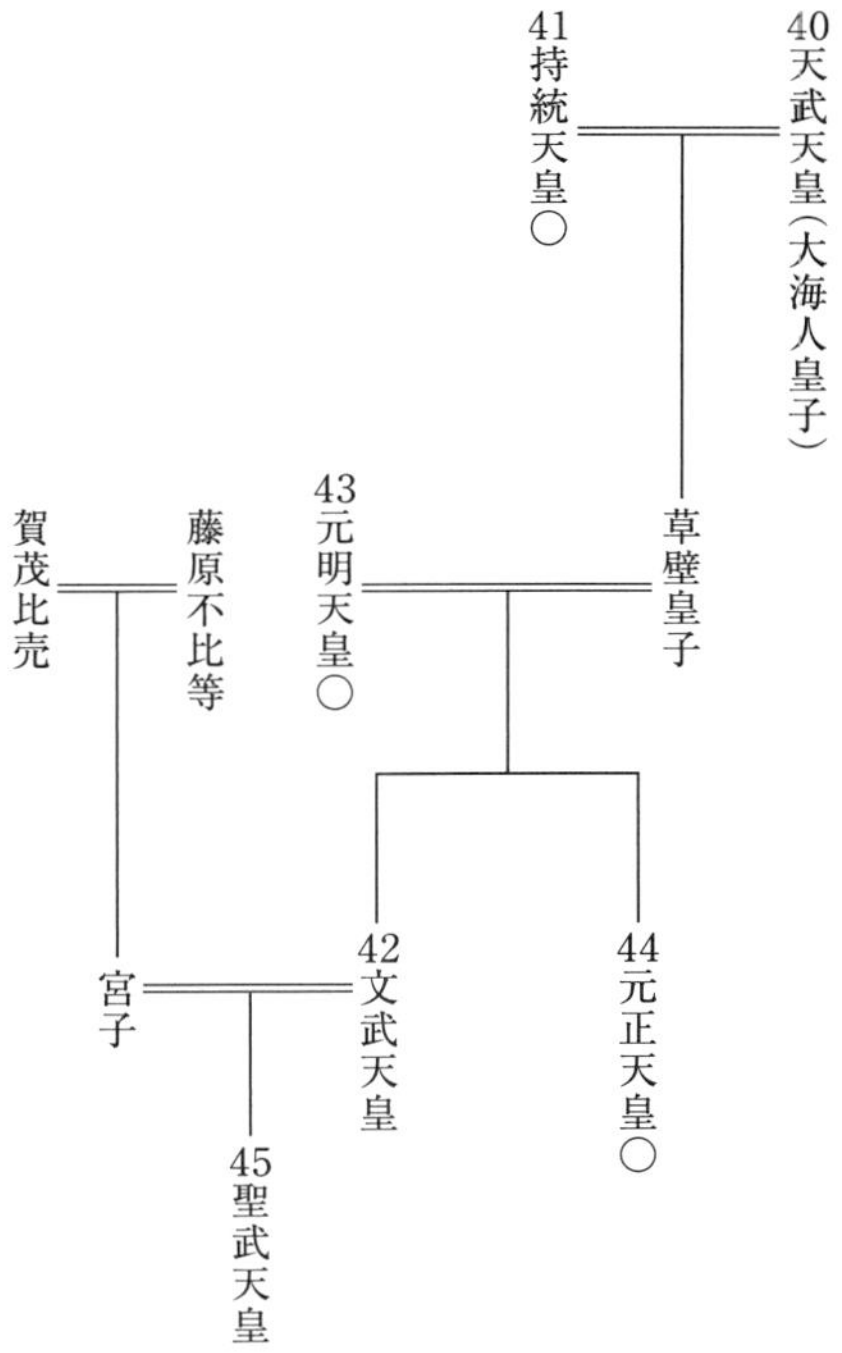

○は女帝
数字は天皇の代数

権力者として存在していれば、即位する天皇の年齢などというものは関係がないのです。だから「中継ぎの天皇」などというものは不必要になります。事態は逆転して、幼くして即位した天皇が一人前になってしまえば、もう天皇位にある必要はない――だから「譲位」ということになって、摂関政治の時代になってしまった天皇は、「将来における譲位を当然とする中継ぎの天皇」としてあることが、暗黙の前提になってしまうのです。

どうしてそういうことになってしまうのかと言えば、話は簡単で、「天皇に娘を贈って后にし、その后の腹に次代の天皇となる皇子が誕生する」というのが、権力者になるための道だったからです。摂関家というものを構成する藤原氏の一族の中で、権力の頂点に立つ者が順送りのような形で存在している――そのあり方を守るためにも、天皇は「若くして即位し、妻を得、子を得てさっさと譲位する」ということが望まれたのです。

摂関政治の平安時代になってしまえば、藤原一族内部の権力の継承の方が重要になって、それをスムースに行うために、すべての天皇は「中継ぎの天皇」化してしまったのです。女帝の時代は、そのシステムが出来上がる以前ですから、鳥が巣で卵を温めるように、まだ幼い、あるいは年若い天皇の成長を待つ間、誰かが代わって天皇になっていなければならなかった――それで、「女帝は中継ぎとして存在していた」と考えられてしまうのです。

だから、古代の女帝達のあり方は、とても不思議です。うっかりすると、「中継ぎの天皇だから、天皇としての実質はない」などと考えられてしまいますが、彼女達は、「中継ぎであっても天皇としての実質はある」なのです。そうでなければ、「中継ぎの天皇」として立てません。なにしろ、彼女達が「将来の本命天皇」と考える人は「まだ若くて天皇の任に堪《た》えられない」という状態にあって、彼女達は「その間の代理の女帝」なのです。つまり、それをする彼女達には「天皇としての執務能力」があって、「ある」と考えられていたからこそ、即位をしたのです。つまり、即位をした女帝達に「天皇としての実質」は備わっているのです。

だからこそ、重祚《ちようそ》をして、改めて「傀儡ではない、実質を持った天皇」になろうとする女帝も存在します。

◎「二度の即位」をする女帝

「重祚」とは、同じ天皇が二度即位をすること——つまり、譲位した天皇が再び天皇として復帰するということです。日本でこれをやった天皇は二人しかいませんが、いずれも平安時代以前の古代の女帝で、一人は大化の改新で「譲位」ということを初めて実践してしまった皇極天皇。もう一人は、古代最後の六番目の女帝——孝謙《こうけん》天皇です。

既にご承知のように、皇極天皇は蘇我氏の傀儡です。ところが目の前で蘇我氏の若きリーダー入鹿が殺されて、ショックを受けて天皇の地位を投げ出してしまいます。皇極天皇の後を継いだのは「逆賊蘇我氏」を倒した中大兄皇子ではなくて、皇極天皇の弟の孝徳《こうとく》天皇です。それまで「軽《かる》皇子」と言われるだけで皇位継承レースの外側にいた孝徳天皇は、棚からボタ餅《もち》的に即位をします。この時になぜ中大兄皇子が即位をしなかったのかは「謎」の一種でもありますが、「なぜ中大兄皇子は即位をしないのか?」という謎は、孝徳天皇の死亡後により深まります。どうしてかと言うと、孝徳天皇の死後には、譲位した皇極天皇が重祚して、斉明《さいめい》天皇となるからです。「譲位」というものを実践した最初が彼女であるなら、「重祚」ということを実現したのも、彼女が最初です。「そういうものか」と思ってしまえばそれまでですが、よく考えてみると「やりたい放題」と考えられなくもありません。なにしろ、そんな前例はないのですから。

「やりたい放題であるかもしれない」というのは、女帝なるもののあり方を考えれば、簡単に想像出来ます。「未来の天皇の代理」を務めるこの中継ぎの天皇は、「天皇としての実質を持つ天皇」でもあるからです。「そうであるはずなのに、私は人の操り人形になっていた」という理解が訪れれば、「もう一度やってみよう!」ということにもなります。いたって現代的なあり方ですが、そのあり方が「古代にはなかった」であるのかどうかは分かりません。古代の女帝達は、そのあり方があまりにも「現代的」であったがために、「よく分からない存在」になっていたのかもしれないのです。

◎いたって現代的な女帝達

古代の女帝達は、いたって現代的な存在です。もちろんこの「現代的」は「進んでいる」ということではありません。現代女性と同じような「壁」に囲まれて生きているということです。たとえば、「どうして女性が天皇として即位するのか？」という問いに対する一番簡単な答は、「男性が天皇になるのが当たり前の中で、その男性の皇位継承者がいなくなってしまったから」ですが、古代の日本の女帝達は、そういう受動的な存在ではありません。「他に男性の皇位継承候補者がいる——にもかかわらず、女性が天皇として立つ」というあり方をします。たとえばの話が、一番最初の女帝である推古天皇です。

推古天皇が即位をすると、厩戸皇子を「摂政」にしたと『日本書紀』は言います。当時に「摂政」というポジションがあったかなかったかはまた別の話で、少なくとも『日本書紀』に従えば、「推古天皇は厩戸皇子に政務を任せた」ということになります。それでますます「厩戸皇子はどうして天皇になれず、推古天皇が即位したんだろう？」ということになってしまいますが、厩戸皇子が当時十九歳で「若すぎる」というのであれば、「厩戸皇子を即位させて、その後見役の摂政に炊屋姫（推古天皇）を任命する」という方法だってあるのです。女性の即位を認めない中国のやり方はこちらです。だから「権力を持った皇太后」というのが何人も出現して、そのあり方は清朝最後の権力者である西太后《せいたいごう》にまで続きます。ところが、その中国を範《はん》とした古代の日本は、そうではないのです。だから、女性の推古天皇がいて、そこに年若い厩戸皇子が摂政としているということになります。

それはつまり、古代の日本では、「天皇が男でなければならない」という考え方をしなかったということです。「天皇は男でも女でもいい」という考え方があったればこそ、「他に男性の皇位継承候補者がいるのに、女性が天皇として立つ」ということは起こるのです。

古代の日本は「男女同権」で「男女共同参画社会」という一面だって持ち合わせています。だから、平気で女性天皇は出現してしまうのですが、だからと言って、その女性天皇達になんの悩みもなかったかどうかは分かりません。

推古天皇はおそらく、「いいわ、やるわよ」というノリで、即位を引き受けたでしょう。皇極天皇はおそらく、「私なんかがなってもいいのかしら」と思って即位を引き受け、その後に、「私は分かってなかったのよ。今度こそちゃんとやり直すわ」というノリで、斉明天皇になったのでしょう。

持統天皇はおそらく、「私がやらなかったら誰がやるっていうの?」というノリで積極的に乗り出し、元明天皇はおそらく、「いやよ、いやよ。私にそんなこと出来ないわ」と言いながら仕方なく引き受けさせられ、その娘の元正天皇は独身のまま、おそらく、「お母様が仰言《おつしや》るのならやるわ」というノリで引き受け、二十一歳で女性初の——そして今までのところでは唯一の皇太子となり、天皇としてあり続けて結婚の機会を得ぬまま四十代になって僧道鏡《どうきょう》とのスキャンダルを起こしてしまった孝謙《こうけん》天皇はおそらく、「仕事に生きる」ということを当然とした現代女性と同じように、なんの疑いもためらいも持たず、進んで皇太子となり、天皇であることを受け入れていたのでしょう。そのように古代の女性達はさまざまな形で「現代的」なのです。

そしてだからこそ、彼女達は「見えない壁」に行き当たるのです。

◎それで人は納得したのか？

「壁」というのはもちろん、彼女達を取り囲む「男達の考え方」です。

古代の日本人達は、「天皇が男でなければならない」という考え方をしませんでした。だからこそ女帝達の即位は当たり前にあるのですが、しかし果して、「天皇は男でなければならない」という考え方をしなくて、女帝の即位を了承して、それで男達の間にはなにも不満がなかったのかということです。

なにしろ、男子の皇位継承候補者はいるのです。にもかかわらず、それをさしおいて女性が天皇になってしまう。「天皇が男でなければならない理由もないな——」と思ってこれを受け入れても、「不満」というものは残らないのでしょうか？　「了承はするが釈然としない」というのが、女の要求を受け入れる男の「ありがちの形」だったりすると、そういうことだって考えられてしまうのです。

果して男達は、女性天皇の即位をすんなりと受け入れたのでしょうか？　微妙です。推古天皇から持統天皇までの三人の女帝に関しては分かりませんが、元明天皇から孝謙天皇までの即位に「微妙な雰囲気」があったことは、史料から窺《うかが》うことが出来ます。

史料というのは、『日本書紀』とその続篇に当たる『続日本紀《しょくにほんぎ》』です。ついでに言ってしまえば、「記紀」として『日本書紀』と併称される『古事記』は、日本初の女帝である推古天皇の時代でその記述を終わらせ、『日本書紀』の方は持統天皇の時代でその記述を終わらせます。同じ奈良時代に完成した『古事記』は元明天皇の時、『日本書紀』は元正天皇の時のものですから、そのどちらもが「女帝の時代」で記述を終わらせていることは、偶然ではないはずです。『日本書紀』の続篇である『続日本紀』は、持統天皇に擁立された孫の文武天皇から始まり、桓武《かんむ》天皇の時代の途中までで終わっています。その『続日本紀』には、『日本書紀』にはない特徴があって、「宣命《せんみょう》」という形で、臣下達に語りかける天皇の肉声が記録されているのです。だから、『続日本紀』を読むと、『日本書紀』にはない「即位に際する天皇の心理」や、「その天皇の即位を取り巻く状況」というものが、うっすらと見えて来るのです。つまり、そこには

「微妙な雰囲気」がある、ということです。早い話、「微妙な言いわけがましさ」が感じ取れるのです。

文武天皇の即位の詔《みことのり》——つまり宣命は、「天皇の即位の際の言葉とはこういうものだったのだろうな」と思われて、別に違和感は感じられませんが、息子の文武天皇の遺志を受けて聖武天皇の即位を実現させるために天皇となった元明天皇の時から、微妙におかしくなります。「朕《わたし》が天皇位に即くのは、カクカクシカジカの根拠、正当性があってのことである」という「理由」が入って来るからです。

天皇が強大な存在で、自分の思うままのことが出来るのなら、そんな必要はありません。そして、『続日本紀』が扱う奈良時代に天皇は強大な存在で、即位した段階で、もう強大です。にもかかわらず、その天皇が「朕の即位を成り立たせる根拠」というものを、集まった臣下達に説明をするのです。「そうでなければ、人は納得しないだろう」と、即位する天皇の側で考えるなにかはあるのです。この微妙さは、元明天皇から元正天皇、祖母と伯母によって守られた後で即位する聖武天皇や、その娘の孝謙天皇の時にまで続きます。つまり、人はその天皇の即位を受け入れはしたけれど、「釈然としないなにか」を感じる者もいた——「いるだろう」と思うからこそ、天皇の側も「微妙な論拠」を提出するのです。

古代の女帝のあり方の複雑さは、ここにあります。「納得はするが、釈然とはしない」です。

「釈然としない」が起こるのは、「その即位に至るまでの状況」の中に、微妙な問題が隠されているからです。だからそれは、個々の天皇によって違います。しかし、そういう「釈然としないもの」がありながら「納得して受け入れてしまう」ということが起こるのは、なぜなのか。なにがその「納得」を可能にするのかということになったら、これはすべての天皇に共通してしまうことです。それは、なんなのか？

つまり、「天皇が男でなければならない理由はない」とする根本の理由はなんなのか、ということです。

2 「中継ぎの女帝」の背後にあるもの

◎「女帝」の資格

古代の女帝六人すべてに共通するものはなんでしょう？　言うまでもありません「天皇家の娘」ということです。本当なら、これを「天皇の娘」と言いたいところですが、皇極天皇は「天皇の曾孫」なので、「天皇家の娘」という言い方にしました。『日本書紀』の編纂者も、その辺りは私と同じ考えのはずで、本来なら「宝女王」と書かれるべき人を「宝皇女」にして、

「天皇家の娘＝天皇の娘」ということにしてしまったのだと思います。

今更言うまでもない当たり前のことで、でもそれなのにうっかりすると忘れられてしまう「女性が天皇になるための資格」というのは、「天皇の娘」であり、「天皇家の娘」だということです。

「天皇になるための資格」は、「天皇の血を引いている」ということです。言うまでもありません。世襲制度というのはそういうものです。後の世襲制度には「養子」というものも入って来ますが、天皇家の世襲制度にある「養子」は、「天皇の血を引いているものだけがその対象になる」という限定があります。白河法皇の養女となった藤原璋子《たまこ》は、天皇家の血を引く女性ではありません。「待賢門院」という女院号を得て上皇に准《じゅん》ずる存在になっても、彼女は正確には「白河法皇の愛妾だった祇園《ぎおんの》女御《にょうご》という女性の養女」で「天皇の血を引く女性」ではないのです。

「天皇になるための最低条件」は、「天皇の血を引いていること」で、それは、男も女も変わりません――そう考えたからこそ「女性天皇の即位」もあったのです。

「天皇の后」である以前に、まず「天皇の娘」で「天皇家の娘」です。「天皇の血を引く特別な存在」だからこそ、人は女帝の即位を容認したのです。

推古天皇は、敏達天皇の后で「蘇我氏の血を引く女性」という言われ方ばかりされますが、彼女はそれ以前に「欽明天皇の皇女」なのです。だからこそ、女帝となれたのです。

皇極（斉明）天皇のことは既に触れましたが、三人目の女帝である持統天皇は、天武天皇の后である前に、天智天皇の皇女です。そして、天智天皇が「皇極天皇の子である中大兄皇子」だったことを考えると、持統天皇は二度の即位によって「天皇であること」を自身に充足させた皇極（斉明）天皇の孫娘になるのです。持統天皇が夫の死後、進んで天皇の座に即《つ》いたということは、ある意味で不思議でもなんでもないのです。

◎たとえば、「中小企業の社長夫人」

持統天皇は、天武天皇との間に生まれた草壁《くさかべ》皇子を、天武天皇の死後に天皇にしようとしますが、その草壁皇子は即位前に死んでしまい、そうなって、草壁皇子の忘れ形見であるまだ幼い文武天皇の即位を実現させるために即位をして、女帝になります。

持統天皇までの女帝のあり方は、「中小企業の社長夫人」にたとえられます。「天皇が死んで、その后が新しい天皇になる」というのは、「社長が死んで、その夫人が新社長になる」です。推古天皇や皇極天皇の場合には、「奥さんが社長になって下さいよ」と言う、会社を取り仕切る「有能な専務」かあるいは「悪い専務」であるような、蘇我馬子や蝦夷がいましたが、持統天皇の場合には、そういう存在がありません。もっとストレートに、「中小零細企業の社長夫人」です。

持統天皇の夫である天武天皇は、天智天皇の弟です。大海人皇子としてあった天武天皇は、天智天皇の下で、自他共に認める皇位継承者として存在して来ました。天智天皇もそれを了承していたはずですが、晩年になって心が揺らぎます。天智天皇には、伊賀《いが》の采女《うねめ》との間に生まれた大友《おおとも》皇子という男子がいて、彼を自分の後継者にしたくなったのです。

「采女」というのは「地方の豪族から奉《たてまつ》られた献上品的な女」ですから、ここから皇子が生まれても、天皇として即位することは出来ません——そのように考えるのが当時の常識で、でも天智天皇は、そんな大友皇子を自分の後継者にしたくなったのです（系図5参照）。

以前の系図4は、系図5の簡略版です。「中継ぎの女帝達」の背後には、これだけ複雑な「一族の人間関係」があるのです。

大海人皇子である天武天皇は、そうした兄の胸中を理解します。重い病の床にある兄を訪れた天武天皇は、出家の意志を告げて都を去ります。当時の都は、琵琶《びわ》湖のほとりにある近江京——滋賀の都で、甥《おい》の大友皇子に自分の立場を譲った天武天皇は、吉野へと去ります。まだ「鸕野讃良《うののさらら》皇女」としてあった持統天皇も夫と共に吉野へ下りますが、天武天皇の一行に従う人間はそう多くありません。やがて天智天皇は死に、近江京と吉野の間に緊張状態が生まれて、翌年に勃発《ぼっぱつ》するのが壬申《じんしん》の乱です。

乱への導火線に火を点《つ》けたのは、吉野に下った天武天皇の側ではありません。大友皇子の近江側です。公式政府である近江側には「中央官僚」とも言うべき人間達が従っていて、天武天皇のそばにいるのは、身内の妻と子供だけです。「今の内に劣勢の吉野側を武力で封鎖してしまえ」と近江側が考えて、危機を知った天武天皇側が行動を起こす――これが壬申の乱の始まりです。「中小企業の社長夫人の話はどうなった?」と思われるかもしれませんが、それはここからです。

◎壬申の乱に勝った天武天皇とその妻

結果として天武天皇は壬申の乱に勝ちますが、「いざ合戦!」ということになると、急に意気地がなくなります。出家前の自分に仕えていた地方豪族に召集をかけたりもしますが、自分の周囲にいる戦力は「子供」だけなのです。天武天皇には複数の妻がいて、何人も皇子はいますが、まだみんな幼くて、尼子娘《あまこのいらつめ》という九州の豪族の娘を母とする高市《たけち》皇子が、最年長の十九歳です。それで天武天皇は、「大丈夫だろうか?」と不安がるのですが、その父親を励まして近江への進軍を実現させるのも、やっぱり高市皇子だけです。

「そういう心細い勢力に負けてしまった近江方の情けなさはなんだ?」という話もありますが、勝って大変なのは、天武天皇の方です。なにしろ中央政府を敵に回し、敵対の中心となった重

《系図5 皇極＝斉明天皇の一族》

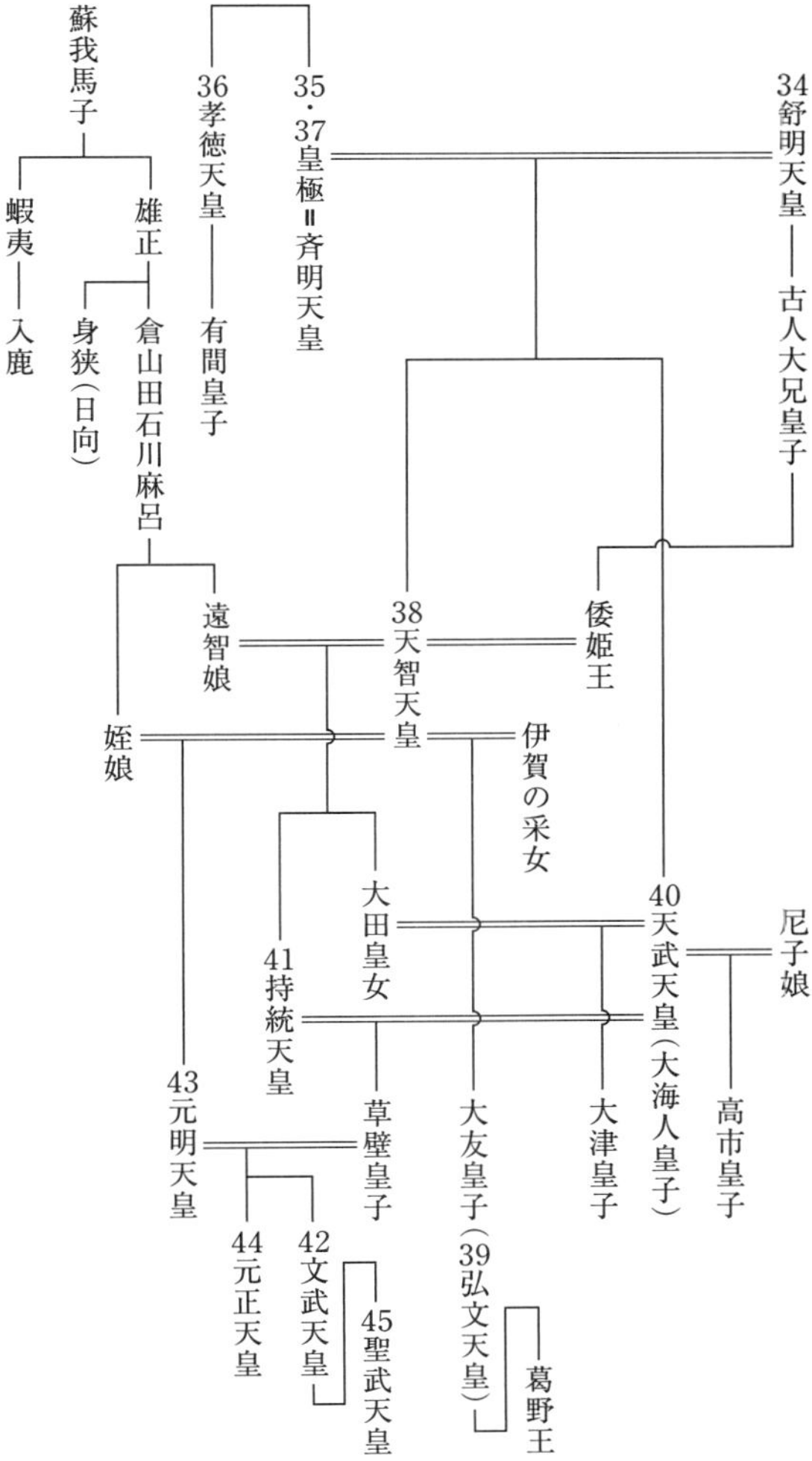

数字は天皇の代数

臣達を処刑しての、新政府のスタートです。近江にあった都を飛鳥に戻して新体制をスタートさせますが、人材不足は否《いな》めません。

都と朝廷は、近江から飛鳥の地へと戻っても、それを形成する官僚達は「かつての敵対勢力」です。壬申の乱が終わったのは、大宝律令の全国配布が終わった年の三十年前――六七二年で、まだ国家の態勢は整っていません。だから、天武天皇の朝廷は、大宝律令の前身ともなる飛鳥浄御原令の制定や、『古事記』の原型ともなる国史の編纂作業を進めますが、それに要する人材が足りないのです。天武天皇の朝廷は、「有能な人材の発掘登用」から始めなければなりません。あるいは、近江朝廷側の人間は、「かつての敵対勢力」である前に、「頭の古い役立たず」であったのかもしれません――なにしろ、劣勢の天武天皇側にあっさりと負けてしまったのですから。

なんであれ「人材不足」は隠しようがなく、それで新しくスタートした天武天皇の朝廷は、「身内を大いに働かせる」ということになるのです。ほとんど「戦後の荒廃から立ち上がろうとする意気盛んな中小企業」ですが、「身内」と言っても、息子達はまだ若いのです。天武天皇が死んだ時、その後継者と目されていた草壁皇子は、まだ二十五歳でした。そうなれば、新国家建設に邁進《まいしん》しなければならない天武天皇を助ける最大の協力者は、妻の持統天皇――鸕野讚良皇女しかいないということになってしまうのです。

◎最強の女帝持統天皇の背景

持統天皇は「最強の女帝」と言うべき存在です。

その母親は、蘇我氏の一族の倉山田石川麻呂《くらのやまだのいしかわまろ》の娘の遠智娘《おちのいらつめ》。生まれたのは、父親の中大兄皇子が蘇我入鹿を討った大化の改新の年です。遠智娘は、中大兄皇子＝天智天皇の最も古い妻ですが、彼女と中大兄皇子の結婚にはあるエピソードが隠されています。蘇我入鹿殺害を決意した中大兄皇子に対して、協力者の中臣鎌子《なかとみのかまこ》（中臣鎌足《かまたり》＝藤原鎌足）が「こういう大事な計画を実行するには協力者が必要だ」と言って、蘇我一族の石川麻呂の娘との結婚を勧めるのです。

中大兄皇子は喜んで、この縁談は成立しますが、ところがその結婚の夜、石川麻呂の娘は一族の男――彼女の叔父に当たる人物に盗み出されてしまいます。父親の石川麻呂が困っているところに妹娘が進み出て、「私を皇子に差し上げて下さい」と言ったがために、ようやくこの結婚は成立するのです。それは、『日本書紀』によれば「大化の改新前年の一月頃」のことで、進み出た妹娘が、持統天皇の母親となる遠智娘です。

これだけだと、この事件は「なんだか不思議な古代史の一エピソード」ということになりますが、突っ込んで行くと、不思議な「裏」があります。「誘拐された遠智娘の姉はどこへ行ったのか?」ということです。

　石川麻呂には、少なくとも娘が三人いて、長女の名は乳娘《ちのいらつめ》と思われます。その姉娘を掠《さら》って行った叔父の名は蘇我身狭《そがのむさし》（あるいは日向《ひむか》）と言って、彼は中大兄皇子の叔父の軽皇子に仕える男です。軽皇子は、自分の目の前で長男の中大兄皇子が入鹿殺害を実行するのにショックを受けた皇極天皇から、天皇位を譲られて即位する孝徳天皇です。そして孝徳天皇には「乳娘」という妻がいるのです。つまり、叔父の孝徳天皇は、甥の中大兄皇子の妻になる女を、人に命じて盗ませたのです。中大兄皇子の方はともかく、叔父の孝徳天皇は、「大兄」の称号を持つ甥に対して好意的な感情を持っているとは思えません。「横暴な蘇我氏の勢力を、聡明で勇敢な皇子が排除した」と思われている大化の改新の背後には厄介な背景もあって、「皇位継承者の地位を狙《ねら》う不遇な皇子が、甥の皇子をそそのかして蘇我入鹿を襲わせた」ということも考えられるのです。

　話をそちらに持って行くと「持統天皇の話」がどこかへ行ってしまうのでやめますが、持統天皇は、そういう激動の時代の「厄介な人間関係」の中で生まれて来るのです。

　持統天皇には、母を同じくする大田《おおた》皇女という姉がいます。中大兄皇子と遠智娘の結婚が「大化の改新前年の一月頃」で、持統天皇の誕生がその翌年――しかもその誕生以前に姉の皇女の誕生がある。ということになると、大田皇女は結婚の年の終わり近くに生まれ、持統天皇はその翌年の終わり近くに生まれたということになります。つまり、中大兄皇子は、妻となった遠智娘を激しく愛していたということにもなりましょう。ちなみに、遠智娘と結婚した時、中大兄皇子はまだ十九歳でした。

中大兄皇子は、遠智娘という愛する妻を得、それと同時に蘇我倉山田石川麻呂というパトロンも得ます。長ったらしい名前の石川麻呂は蘇我蝦夷の甥で、石川麻呂は蘇我入鹿の従兄弟です。蘇我入鹿虐殺の当日、その場にいてガタガタと震え、「お前はなにを震えているんだ！」と入鹿に一喝された男ですが、蝦夷と入鹿が死んでしまえば、最大の一族蘇我氏の長です。孝徳天皇に譲位をして、後の時代で言う「上皇」となった母を持つ中大兄皇子は、当時最大の一族を率いる男をパトロンとして、孝徳天皇の下で「大兄」のままにいます。それを「おもしろくない」と思う人間だって、どこかにいるのです。

例の遠智娘の姉を掠って行った蘇我一族の身狭がまた現れて、中大兄皇子に「兄の石川麻呂があなたの命を狙っていますよ」と囁《ささや》きます。中大兄皇子はこれを信じ、孝徳天皇は糾問《きゅうもん》の使いを石川麻呂のところに送ります。石川麻呂は、「それなら直接天皇に言う」と言って答えません。孝徳天皇は石川麻呂を直接呼び出すことなく、さっさと兵を送って、石川麻呂の一族を死に追いやってしまいます。

もちろん、石川麻呂は無実で、死後に「石川麻呂は自分のことを思っていてくれたのだ」と知った中大兄皇子は、彼の死を嘆きます。遠智娘の方も、父の死を悲しんでやがて世を去ることになってしまいますが、どう考えても、この事件で一番怪しいのは孝徳天皇です。蘇我身狭は孝徳天皇の「忠実な番犬」みたいなもので、兄の石川麻呂が死んでしまえば、「蘇我一族の長」になることが出来ます。石川麻呂の冤罪《えんざい》事件が起こる二年前には、中大兄皇子の住居が不審火で焼けるという事件もあって、石川麻呂は、一連の事件の裏にある「なにか」に気がついていたのでしょう。だから、「天皇に会って直接話す」と言い、それを厄介がった天皇は兵を送って、石川麻呂を自滅に追い込んでしまう。この事件後、密告者の身狭は、出世するどころか、九州へ流罪になります。「事件の真相を知る奴は消す」というところでしょうか。

孝徳天皇はかなりのいい人物で、だからこそこの四年後には、中大兄皇子と孝徳天皇の間で「不和」が起こりますが、それまでじっとおとなしくしているか、あるいは叔父の陰険さに気がつかないでいる中大兄皇子は、いささか問題です。

時代はかなり血腥《ちなまぐさ》くて、持統天皇はそうした中で幼少期を過ごします。ちなみに、祖父の石川麻呂の事件が起きた時、持統天皇はまだ五歳で、彼女はすぐに母親をも失うことになるのです。

◎女達も平気で戦場に行く

持統天皇が十歳の冬に、孝徳天皇は死亡します。年が明けると、六十二歳になった彼女の祖母が重祚して「斉明天皇」となります。三十歳になった彼女の父親——中大兄皇子は相変わらず「皇位継承予定者」のままで、その後いつの時かは分かりませんが、鸕野讃良皇女である持統天皇は、後に天武天皇となる叔父の大海人皇子の妻となります。姉の大田皇女も大海人皇子の妻となっていますが、この年の接した二人の姉妹は、おそらく同時に叔父の妻となっていたのでしょう。今から考えればメチャクチャな話ですが、当時的には無茶でもなんでもありません。

天智天皇と天武天皇の兄弟は、その後も「生まれた娘を相手に妻として贈る」や「愛した女を相手の妻として贈る」ということをやっていて、系図をグチャグチャにしています。どうしてそんなことをするのかと言えば、「一族間の結合を固めるため」で、大化の改新で即位した孝徳天皇も、譲位した姉の皇極天皇から、娘の間人《はしひと》皇女を后として贈られています。伯父や叔父との間の結婚が珍しくないのは、人間関係が限定されていて、そこでの兄弟仲が親しいものであり、また同時に「油断の出来ないもの」でもあったからでしょう。

重祚の斉明天皇は、一人前以上の年頃になった中大兄、大海人の両皇子を臣下のように従えて、「強い天皇」になります。その御世には、孝徳天皇の遺児である有間《ありま》皇子という皇子もいて（母親は間人皇女ではありません）、斉明女帝は、この父を亡くした甥を憐れんで可愛がりもするのですが、十九歳になった有間皇子は、「謀叛《むほん》を計画した」として、処刑されてしまいます。「同族結合の固め」は、やはり必要なものなのです。

斉明天皇が六十七歳になると、朝鮮半島から「救援」を求める使者がやって来ます。朝鮮半島に侵入した唐の大軍が、新羅《しらぎ》と連合して百済《くだら》に攻め寄せ、滅亡の危機に瀕《ひん》した百済は、日本へ「援軍」を要請するのです。女帝はこれを受け入れて、六十八歳になった一月に、自ら軍船を率いて九州へと向かいます。この出兵の時のものとして有名なのが、『万葉集』にある額田《ぬかたの》王《おおきみ》の歌——「熟田津《にきたつ》に船乗りせむと月待てば　潮《しほ》もかなひぬ今は漕《こ》ぎ出でな」です。

額田王は、大海人皇子の妻となって女児を生み、後に中大兄皇子に贈られてその妻となった女性で、額田王の生んだ大海人皇子の娘は、壬申の乱でその叔父と戦った大友皇子の妻となっています。二人の男性の間でそれぞれの愛情関係を成り立たせ、軍船に乗って「さァ、出発よ！」と勇ましい声を上げる——このことだけとれば、額田王は大胆で自由奔放な女性と思われてしまいますが、しかし、その船に乗っていた女性は額田王ばかりではなかったのです。十七歳の持統天皇も、その姉の大田皇女も、そしておそらくは、元明天皇の生母で天智天皇の妻となった蘇我倉山田石川麻呂のもう一人の娘、姪娘《めいのいらつめ》も乗っています。なにしろ、その船に乗っている最高司令官は、六十八歳の斉明天皇なんです。彼女が二人の息子やその嫁、嫁となっている孫娘達に「さァみんな、戦争よ！　気合を入れて行きましょう！」と言ったら、「はい！」と答えざるをえないではないですか。この戦争は、二年後の八月の有名な白村江《はくそんこう》の戦いで唐の大軍に敗れることによって決着がつきますが、日本史に残る有名な戦いがそういうものであるということは、あまり知られていないかもしれません。

一族を率い、瀬戸内海を抜けて博多の地に到着した女帝は、そこに前線基地を作らせて、六十八歳を一期《いちご》として死にます。中大兄皇子は母親の遺骸《いがい》を運んで飛鳥《あすか》に戻り、後の前線司令官は大海人皇子です。斉明天皇が死んだ年に、姪娘は中大兄皇子の娘である元明天皇を生み、翌年には十八歳の持統天皇が草壁皇子を生み、その翌年には姉の大田皇女も天武天皇のもう一人の皇子である大津《おおつ》皇子を生んでいます。この「大津」は滋賀県の大津ではなく、九州博多の古名である「那《な》の大津」から来ています。天武天皇死後の時代の登場人物達は、白村江の戦いで決着がつけられる時期に生まれていて、一家揃って戦場へと出掛け、そこで出産までしている持統天皇にしてみれば、夫と共に吉野に下り、壬申の乱に夫を送り出すということは、「身が震えるほどの衝撃」でもなんでもないでしょう。持統天皇の肚《はら》が据わっているのは、不思議ではないのです。彼女は、そういう動乱の時代に青春期を過ごしているのですから。

◎進んで「中継ぎの天皇」になる持統天皇

天武天皇が死んだ時、持統天皇は四十二歳でした。言ってみれば持統天皇は、「先代社長と苦労して会社をここまでにした」と言われるような社長夫人です。天武天皇亡き後、彼女がすぐに即位しても異を唱える人間はいなかったでしょう。彼女自身にだって、「自分が即位して女帝になる」という選択肢のあることは、十分に理解していたはずです。なにしろ彼女は、自身が船団を率いて九州まで下って行った斉明女帝の孫娘なのですから。ところが持統天皇は、そのような選択をしませんでした。天武天皇の死後に持統天皇がまずしたことは、「皇位継承者」として存在している息子――二十五歳の草壁皇子の地位を確固とさせることでした。

だから、天武天皇の死後、彼女はまず、姉の大田皇女の生んだ大津皇子を排除します――つまり、殺したのです。

姉の大田皇女は、白村江の戦いの数年後に死んでいます。だから、鸕野讚良皇女であった持統天皇は、「天武天皇の最も有力な唯一の后」としてあれたわけですが、そうなると大津皇子は「有力な母親を持たない皇子」になります。草壁皇子を庇護《ひご》する持統天皇としては、別に大津皇子を恐れなければいけない理由もないはずです。それなのに、なぜ持統天皇は大津皇子を殺さなければならなかったのか？　「謀叛の容疑」で告発された大津皇子が処刑されるのは、天武天皇の葬儀がすんだ翌月のことです。「持統天皇が真っ先にやったのは大津皇子の抹殺」というのは、間違っていないはずです。

持統天皇は、なぜ大津皇子を殺したのでしょう。あるいは大津皇子は草壁皇子よりもずっと優秀な人物だったのかもしれませんが、そんなことは別に考えなくてもいいでしょう。なぜかと言えば、持統天皇は、叔父と甥が争う壬申の乱を経験したからです。

「近いところにライヴァルともなりつつある人物がいる」というのは、危険なことです。持統天皇はそれを知っているからこそ、さっさと愛する息子のために――あるいは、息子を愛する自分のために、大津皇子を消すという手を打ったのです。そして、持統天皇がそれをしたということは、持統天皇の中に「天武天皇の後には草壁皇子を天皇として即位させる」という意志が、揺るぎなくあったということでもあります。

持統天皇の中には、「天皇というものは男子がなってしかるべきもの」という考え方があったのでしょう。もちろん、その彼女の中には、「女が天皇になるべきでないというのは男女差別だ！」などという考え方はありません。なにしろ彼女の祖母は「偉大なる女帝」なのです。彼女自身もまた「天皇としての能力」を十分に備えています。そういう持統天皇の中には、「天皇が男であっても女であっても、どちらでもかまわない」という考え方しかないはずです。その落ち着き方は、「天皇は女であってもかまわないが、私は愛する皇子を天皇にする」でしょう。

天皇の死後、新たな天皇の即位を行わず、「新天皇になってふさわしい人」が天皇の代行をすることを「称制《しょうせい》」と言いますが、持統天皇は、天武天皇の死後の四年間（正確には三年と四ヵ月近く）これを行っています。それをしている段階で、持統天皇はもう実質的に「天皇」なのです。

ところが、その称制が四年目に入った四月、二十八歳になった草壁皇子が死んでしまいます。「正統なる後継者」と彼女が思う皇子が死んで、持統天皇は仕方なしに即位をして、七歳で父を失った孫の文武天皇の成長を待つのです。そうなった時、彼女は明確に「中継ぎの天皇」で、自分から進んで「中継ぎの天皇になろう」という決断をしたことになるわけですが、しかしその持統天皇を「中継ぎの天皇」と言ってしまうと、「中継ぎ」や「天皇」の意味さえも変わってしまいます。どうしてかと言えば、持統天皇は、「統治能力のある実質を持った天皇であるにもかかわらず、〝中継ぎ〟であることを自分自身で選択した天皇」だからです。「中継ぎの天皇だから、天皇としての実質はない」ということは、持統天皇にあてはまりません。それを言うのなら、持統天皇は「天皇の上に立つ存在だからこそ、平気で〝中継ぎ〟を選択することが出来た」なのです。

◎母親のメンタリティ

不思議なのは、持統天皇の「称制」です。天武天皇が死んだのは六八六年で、持統天皇の即位は草壁皇子が死んだ翌年の六九〇年です。どうしてこの間に新しい天皇の即位はなかったのか、ということです。つまり、草壁皇子はなぜ六八六年に即位をしなかったのかということです。「愛する皇子を天皇にしたい」と思うなら、さっさと即位をさせてしまえばいいのに、なぜ持統天皇はそれをせず「称制」などと言われる状態にしてしまったのかということです。

天武天皇が死んだ後の一年間は「喪中」で、それが過ぎると天武天皇陵の建設が始まります。これが一年かけて完成して、翌年にはいよいよ埋葬ですが、その翌年に草壁皇子は死んでしまいます。「愛する夫を送るのに完璧《かんぺき》を期したい」であったかもしれませんが、それをするのと同時に「草壁天皇の即位」が行われていてもよかったのです。

天皇が死んで、次の天皇が即位するまで何年も時間を空ける例は、この天武天皇の死後の持統天皇の即位ともう一つ、斉明天皇の死後の天智天皇の例しかありません。

天智天皇の即位は、斉明天皇の死の七年後ですが、これには「中国の脅威」がからんでいるはずです。自分から進んで海外派兵を実現するために九州まで行った斉明天皇の死は「戦時下の死」であって、案の定その二年後には白村江での大敗戦です。「唐の大軍が攻めて来るのではないか」という脅威があって、まだ天智天皇になれない中大兄皇子は、対外防衛に努めます。都を飛鳥から近江に遷《うつ》してしまうのもこれと関連することと思えますが、天智天皇の即位は、近江京遷都が完了した翌年です。即位の遅さは、慎重なるメンタリティのなせるものとも思えるのですが、持統天皇のそれはなんなんでしょう？

実は、草壁皇子の死の二カ月後に、あることが行われています。それは、完成した飛鳥浄御原令を各役所に配布することです。それをして、三カ月後には各地方に「戸籍を作れ」という命令が出されています。「戸籍を作る」というのは、国家としての国民実態の把握で、当時には出生届や死亡届を国民の側から「出す」という習慣がないので、国家側がある期間を置いて実態調査をしなければなりません。

「令を作る」というのは、国家を成り立たせる法令の整備で、「律令」とワンセットにされる「律＝刑法」はまだありません。しかし、この時になってやっと、日本には「各種の規定」が生まれたのです。法律を作り、戸籍を作り、それに応じて国民に土地を頒《わ》け与えるということをして、班田収授制《はんでんしゅうじゅせい》を基本とする律令国家はやっと成立するのですが、それのようやく半分程度が、草壁皇子の死の二カ月後に完成し、スタートするのです。つまり、持統天皇が即位をせず、草壁皇子も即位をせぬままにあったその期間は、「新しい国家のシステム作りの期間」だったということが考えられるのです。

「戸籍を作る」は、この十九年前に天智天皇の下で実現しています。日本で最古のその戸籍――庚午年籍《こうごねんじゃく》と言われるものは、その後の戸籍の基礎台帳となるようなもので、天智天皇はそれだけをして、翌年に死んでしまったのです。天武天皇の在世中から、その国家システムの構築は計画されていて、称制期間の持統天皇の下で、それがようやく一つの形になったのです。

持統天皇にとっては、「お父様の意志を継ぐ」でもありましょうが、天武天皇が死んで草壁皇子が即位するまでの間、持統天皇がやっていたのは、その「国家システム」の立ち上げだったのです。その完了を待たずして草壁皇子は死んでしまいましたが、持統天皇は、なんのためにそんなことをやっていたのでしょう？

言うまでもないことです。「即位して新天皇となる我が子のために、きちんとした形になった国家を渡したい」ですね。持統天皇は、そういう人だったのです。どういう人か？「息子を思う偉大な母」です。

次期社長となる息子のために、会社の組織を会社らしく作り上げる。そして、息子のライヴァルとなる人間を葬ってしまう。そういうことをする、有能なる「前社長夫人」なのです。

草壁皇子にしたのと同じことを、持統天皇はもう一度、孫の文武天皇のためにします。それが、律令国家のスタートとなる大宝律令の制定です。十五歳の孫に譲位して太上《だいじょう》天皇（上皇）となった彼女は、律令国家の完成を目指して指揮し、律令の配布が終わった後には、それがちゃんと施行されているかどうかを視察するために地方を回り、そして五十八歳で世を去ります。持統天皇は、根っからそういう人だったのです。

持統天皇は、天皇の座に執着しません。もちろん、天皇としてあることもいやがりません。歴代天皇の中で、「最も有能な天皇」の一人にカウントされるのは彼女ですが、その彼女が天皇の座に執着しなかった――だからこそ後に「中継ぎの天皇」と言われてしまうのは、彼女が「天皇の上にある存在」だったからで、それはつまり「母」なのです。

◎日本で最初の上皇は女性だった

持統天皇のあり方は、後の院政の時代の上皇とそっくりです。「天皇でありながら、天皇の上にいる」です。「天皇候補の皇子の母后」であり、「天皇となった孫の上に立って指揮をする上皇」が彼女です。幼い文武天皇の即位を実現させるための「中継ぎの天皇」としてあった時でも、「自分は天皇をやっているが、それは未来の天皇の上に立つ立場の者だからだ」というような考え方をしていたでしょう。

もちろん、国のシステムアップのために忙しい彼女は、「天皇の上にある」などという考え方はしないでしょう（いささか前言とは矛盾していますが）。「天皇の上に別の天皇がいる」などということになったら、天皇を頂点とするという国のあり方が乱れてしまいます。だからその代わりに、彼女は、「天皇と同等に存在するもう一人の天皇」というものになります。つまり、「譲位した天皇」に与えられる「太上天皇＝上皇」という称号です。「同等なんだからいいでしょう。だって〝上〟じゃないのよ。〝上〟なんてことになったら邪魔になっちゃうじゃない。だから〝同等〟なの。そうやって、ちゃんと見ててあげないと、心配でしょう？」という考え方は、まさに「我が子を思う母親のもの」でしょう。「でも、お母さん。そういうことをされると、やはり混乱は起こっちゃうんですけどねー」という外側の声は、「子を思うしっかり者のお母さん」には届かないものです。

「上皇」というものは、「譲位」ということが起こった後にならないと存在しません。だから、日本で最初の上皇的存在となるのは、最初の譲位を実践してしまった皇極天皇です。しかし、その大化の改新直後の時代には、まだ「太上天皇」の称号がありません。それで、譲位した後の皇極天皇は「皇祖母《すめみおや》」と呼ばれていたのですが、文武天皇即位後に発効した大宝令の規定によって、「太上天皇＝上皇」は明確に存在するようになったのです。

大宝令に「上皇とはいかなるものか」という規定はありません。「そんなことは言うまでもない」でしょう。そして、令の条文の中には、「天皇と上皇は同等に扱え」という一文があります。つまり、「天皇と上皇は同等」なのです。

大宝律令の条文が発効するのは、文武天皇即位の四年後です。譲位した持統前天皇は健在で、律令編纂の指揮を取っているはずです。その間の時代を記述する『続日本紀』には、彼女に関する記述がありません。だから、うっかりすると持統天皇は律令編纂にノータッチだったと思われてしまうのです。彼女の存在が消えている理由は簡単です。まだ彼女のための「太上天皇」という称号が存在しないからです。その人は存在するが、その人を指し示す言葉がない

――だから、持統上皇はまだ存在しないのです。

その称号が存在しようがしまいが、彼女はしっかと存在しています。持統天皇はそういう存在なのですから、「現役を退いたあなたはおとなしくしていて下さい」などと言えるはずがありません。だから「天皇と上皇は同等」で、この「上皇」は偉大なる母で祖母の持統天皇を指すのです。

「現役を退いたトップを、現役のトップと同等に扱え」というのは、組織のあり方を乱すとんでもない原則です。当時の日本が範とした中国にだって、こんな規定はありません。おそらく世界中を探しても、日本にしかないはずです。でも、日本人はこれを不思議がりません。だから、「院政」という言葉は、今でも現役です。そして、どうしてそういうことになってしまったのかという理由は、意外と簡単です。母親というものが息子に対して、「いいのよ、いいのよ、あなたがやりなさい」という譲歩を簡単にしてしまうものだからです。そして、にもかかわらず、その母親は「とんでもない実力」を発揮したりもするのです。

母親は前に出ない。息子を前に立たせたがる。でも、母親は「母親」という理由によって、厳然とその息子の「上」にいる――そういうマザコン構造を明確にしてしまった存在が、持統天皇という人なのです。だから、持統天皇の後には、女帝というもののあり方が微妙に変わります。

女性が天皇になれる資格は、まず「天皇の娘」であることで、次いではその上に「天皇の后」という条件めいたものが付いていました。でも、持統天皇の後の女帝達は、「天皇の娘であるか、天皇の母であるか」というものに変わるのです。

第二章　「皇」の一字

1　もう一人の天智天皇の娘

◎文武天皇が譲位をした女帝

祖母である持統天皇の譲位を受けて十五歳で即位をした文武天皇は、二十五歳で世を去ります。文武天皇はどうやら病弱だったらしく、その前年に病の床に着くと母親の元明《げんめい》天皇──阿《あ》閉《へ》内親王に譲位の意志を洩《も》らします。既に大宝令は発効しているので、その以前だったら「阿閉皇女」である人は「阿閉内親王」です。

阿閉内親王は譲位を固辞して、しかし翌年になっても文武天皇は同じことを言って、世を去ります。そうして我が子の遺志を受け入れた元明天皇は即位をするのですが、彼女のありようは、それ以前の三人の女帝とはかなり違います。

まず彼女は、天皇になりたくないのです。『万葉集』には、即位を前にして不安がる彼女の胸の内を表す歌があります。「ますらをの鞆《とも》の音《ね》すなりもののふの　大臣《おほまへつきみ》　楯《たて》立《た》つらしも」──「即位式で、武官達が儀礼用の大楯を立てて、魔除けの弓の弦を鳴らしているらしいわ」という歌で、これだけだと不安がっているのか、儀式の厳粛さを感じ取っているのかよく分かりません。でも、この時にはある人がそばにいました。その人が答えた歌を知れば、元明天皇の胸の内もわかります。

この時、元明天皇の横には、彼女の夫だった草壁皇子の異母兄である高市《たけち》皇子の妻となっていた姉の御名部《みなべ》内親王がいて、こう詠んでいます――「わご大君《おほきみ》物な思ほし皇神《すめかみ》の　つぎて賜へるわれ無けなくに」と。つまり、「姉妹の私（つぎて賜へるわれ）がいるのですから、心配しないで」です。

元明天皇は、平城京遷都が実現した時の天皇ですが、その遷都の際の和歌は「飛鳥《とぶとり》の明日香《あすか》の里を置きて去《い》なば　君があたりは見えずかもあらむ」です。即位の翌年に「遷都の詔」があって、三年後には奈良への遷都です。前例のない大規模な都が出来上がって、住み慣れた飛鳥の地を去って行く――その時にこういう歌を詠《よ》むということは、新たな「奈良時代」を開こうという新都建設移転計画が、元明天皇とは無関係なところで起こっていたとしか考えられません。「即位なんかしたくない。なんだかこわい」と思いながら、それでも天皇にされてしまった人間の胸の内は明らかです。

積極的に「天皇になりたい」とは思わずに天皇になってしまった傀儡《かいらい》性の強い天皇という点では、元明天皇は二人目の女帝――皇極天皇に似ています。大化の改新で皇極天皇が天皇位を投げ出したように、元明天皇も途中で「疲れた」と言って譲位をしてしまいますが、皇極天皇が舒明《じょめい》天皇の后であったのに対して、即位をせずに死んでしまった草壁皇子の妻であった彼女は、「天皇の后」ではありません。在位十一年目の文武天皇は、ただ「阿閇内親王」としてあったただけの母親に譲位をして死んだのです。

「天皇の娘」が内親王で、元明天皇は天智天皇の娘です。「天皇の娘なら天皇になれる」という原則は、元明天皇になってはっきりしてくるのです。そして、「天皇の娘だから即位出来る」という原則は、明らかな政治的意図によって生まれて来るのです。

元明天皇即位の目的は、当時七歳だった文武天皇の忘れ形見である聖武天皇の、将来的な即位を実現させるためです。明らかに元明天皇は、「天皇としての実質を持たない中継ぎの天皇」で、しかも「子から譲位を受けた」という変わり種です。彼女の背後には明らかに「ある政治的な意図」があるのです。

◎その天皇はどの天皇の血筋か

腹違いの大津皇子を殺し、草壁皇子の即位を当然のこととした持統天皇が文武天皇に譲位をしたことによって——そしてその文武天皇が母親の元明天皇に譲位をしたことによって、天皇家の中には微妙な変化が生まれています。それは、「その天皇はどの天皇の血筋なのか？」という問題です。四七ページにあった系図5の複雑な人間関係が、ここへ来て重要な意味を持ちます。つまり、「持統天皇がその即位を熱望していた草壁皇子は、どの天皇の子で、どの天皇の血筋なのか？」ということです——そういう問題が新たに浮上してしまうのです。

草壁皇子が「天武天皇の子」であることは、間違いがありません。しかし、その母親が即位をしてしまったことによって、草壁皇子は「持統天皇の子」にもなってしまうのです。別に不思議でもなんでもないかもしれませんが、しかしその血筋をたどって行くと、微妙なことになります。

父方の血筋をたどって行くと、草壁皇子は「天武天皇の子」です。しかし、母方の血筋をたどって行くと、草壁皇子は「持統天皇の子で天智天皇の孫」です。どちらをたどっても、その先は「舒明天皇と皇極＝斉明天皇夫妻」へと行き着くのですが、母方をたどると、父親の天武天皇が消えてしまうのです。天武天皇の即位が「天智天皇の嫡男大友皇子との戦いの勝利の結果」と考えると、これはかなり不思議です。「あの壬申《じんしん》の乱はなんだったのか？」ということにもなってしまうのです。それが、持統天皇から文武天皇、文武天皇から元明天皇ということになると、もっと明確に「壬申の乱における天武天皇の勝利などはなかった」という方向にさえ傾いてしまうのです。

文武天皇は、確かに「草壁皇子の子で天武天皇の孫」ですが、持統天皇が彼の即位を思った段階で、もう草壁皇子も天武天皇も死んでいます。つまり、文武天皇は「天武天皇の孫」である以上に、ずっと「持統天皇の孫」なのです。そして、文武天皇が譲位をした阿閉内親王——元明天皇は、どの天皇の后でもなくて、ただ「天智天皇の娘」なのです。つまり、文武天皇から元明天皇へ天皇位がつなげられて行くと、その皇統譜は、「天智天皇→その娘の持統天皇→その孫の文武天皇→天智天皇の娘である持統天皇の異母妹＝元明天皇」ということになるのです。

兄から弟への兄弟相続は、この以前にもありますし、その以後にもあります。一向に珍しくありません。しかし、父を同じくする姉から妹への姉妹相続というのは、この時が初めてで、その後もありません。「男系の女子間の相続」は、当然のことながら「女系の女子への相続」を実現させます。元明天皇から譲位を受ける元正《げんしょう》天皇は、誰の妻でもない独身で、ただ「元明天皇の娘」なのです。そうなっても不思議がないように、持統天皇から元明天皇へ、文武天皇の一代を置いた「姉妹相続」が起こっているのです。

文武天皇から元明天皇への譲位は、「子から母への譲位などというのは不自然だ、前例がない」という言われ方をされますが、実は、そんなことはどうでもいいのです。「姉妹間の相続」や「女系の女子の相続」が、実は、「天武天皇系の皇統を天智天皇の皇統へ移行させる」という意味を持ってしまっているという、そのことの方が重要なのです。

◎消される「天武天皇の血筋」

「天武天皇の存在が消される」というのは、気のせいではありません。「正統は天智天皇の血筋である」ということが明らかに強調されて、元明天皇は天皇の地位に即《つ》くのです。

「元明天皇の即位の宣命《せんみよう》」というのが『続日本紀』に引用されていて、そこには「天智天皇の不改《ふかい》の常典《じようてん》」というものが登場します。天智天皇は近江の都で「天地《あめつち》と共に長く日月と共に遠く改《かは》るましじき常《つね》の典《のり》」というものを立てたというのです。その「不改の常典」と言われるものがどんなものかは分かりません。あったかなかったかも分かりません。でも、即位の元明天皇は「その常典に従って朕《わたし》は即位する」と言います。である以上それは、「天智天皇の定めた、永遠に変わらない皇位継承の原則」というものになるはずです。

即位の元明天皇は、それを「ある」と言います。「ある」から「それに従って即位をする」ということが可能になりますが、それまでにそういうものが「存在した」という記録がありません。だから古代史の専門家達は、「それがあったのかなかったのか。あったらそれはどういうものだったのか」という詮索をしますが、もしかしたら、それは「どうでもいい」ことかもしれません。というのは、それを定めた人が「天智天皇」であって、「天武天皇」ではないからです。

その皇統が「天武→持統→文武」と続くものであるのなら、その皇統継承の正当性を定めるものは、「天武天皇の定めた原則」であらねばなりません。そうでなければおかしいというのは、天武天皇の即位が、天智天皇から天皇位を受け継ぐはずの大友皇子を倒して奪ったものだからです。壬申の乱というものがあった以上、母親の皇極＝斉明天皇から受け継がれる天皇位は、「斉明→天智」ではなくて、「斉明→天武」であらねばならないはずなのです。

「斉明天皇から天武天皇へ受け継がれるものが正統だ」と思えばこそ、「天武天皇の后」である持統天皇が即位をし、天武天皇と持統天皇の間に生まれた草壁皇子の忘れ形見である文武天皇の即位がある――そのように思われて来たものが、「天智天皇が原則を定めていた」の一言で、この皇位継承のあり方は、「天智天皇の娘の持統天皇→その孫の文武天皇→文武天皇の母であり持統天皇の妹である元明天皇」というものへ変わってしまうのです。天武天皇が死んだ後――持統天皇以後の皇統は、天武天皇を排除する「天智天皇を祖とする皇統」に変わってしまうのです。「天智天皇が定めた不改の常典という原則」が持ち出されると、一挙に「その通り」ということになってしまうのです。

「天武天皇の血筋」は消されます。「藤原定家《さだいえ》撰《せん》」と伝えられる鎌倉時代出来《しゅつらい》の『小倉百人一首』の一番最初に来るのは、「天智天皇の歌」で、その次が「持統天皇の歌」です。どうしてそういうことになるのかというと、「王朝の平安時代を作った祖となる天皇は天智天皇で、持統天皇である」と信じられていたからなのだという説があります。どうしてそういう考え方が生まれるのかという理由は、もうお分かりでしょう。

しかしだからと言って、単純に「天武天皇の存在は抹消された」とは言えません。元明天皇の時に完成し撰上された『古事記』は、その序文で「勇猛果敢《ゆうもうかかん》な天武天皇が兵を率いて、中興の祖となった」というような書き方をしています。『古事記』の原型となるものは、天武天皇の時に編纂を命じられたものですから、『古事記』が天武天皇を「中興の祖」のように扱うのも不思議はありませんが、元明天皇の娘の元正天皇の時になると、これがまた微妙に変わります。

元正天皇の時に出来上がったものは、もう一つの歴史書である『日本書紀』ですが、こちらでは「天武天皇の年齢」が欠落しているのです。古代の天皇や主要人物達の年齢が分かるのは、当時の歴史書に「享年何歳」という記述があるからですが、天武天皇にはそれがありません。持統天皇も斉明天皇も、みんな年齢が明記されているにもかかわらず、天武天皇が何歳で死んだのかは分からないのです。歴史に残る大物でその年齢が分からない人には、「誅戮《ちゅうりく》された悪者」という扱いを受ける蘇我蝦夷、入鹿親子もいます。まさか天武天皇がそういう扱いを受けたとも思えませんが、壬申の乱からその死まで、天武天皇の時代を詳細に記述した『日本書紀』が、その享年だけを欠落させているのです。

ある意味で天武天皇は、その存在を「徐々に複雑に消された」なのです。

◎「天武天皇の血筋」が消される理由

天武天皇の存在が薄れ、やがては消されてしまうのには、もちろん理由があります。天武天皇には「何人もの皇子」があったからです。系図5では省略してしまいましたが、天武天皇には、草壁皇子、大津皇子、高市皇子の他に、まだ複数の皇子がいました。その皇子達が草壁皇子の死後に、持統天皇からまだ年若い文武天皇に天皇位が受け継がれて行くのを、黙って見ていたのか、という話だってあります。皇子達が黙ったとしても、その周辺の朝廷に仕える男達はどうなのか？　だから当然、持統天皇の即位には、「他の皇位継承候補者を排除する」という一面だってあるのです。

壬申の乱を戦った天武天皇と持統天皇は、「一族の不和」とか「反乱」というものを非常に警戒しています。だから、壬申の乱の七年後に、皇子達を連れて「思い出の地」である吉野へ行って、彼等に「平和」を誓わせます。この時に同行した天武天皇の皇子は四人で、他に死んだ大友皇子の異母弟も二人います。全員の母親が違って、父親が違う皇子さえもいるのですから、「将来の争いの種」はあるのです。天武天皇は「背かない、争わない」と誓った皇子達に、「お前達全員を同じ母から生まれた子として扱おう」と約束して、彼等を抱き締めます。「吉野の誓い」とか「吉野の盟約」と言われるもので、このことによって彼等は、全員が等しい「天武天皇の後継候補者」ともなるわけですが、しかしこの時の吉野には、まだ天武天皇の后であった持統天皇も同行しています。天皇の后である彼女も、皇子達に同じことを言うわけですが、そうなって話は微妙なものになります。

なにしろ彼女には、「愛する我が子」の草壁皇子がいるのです。その彼女が天武天皇と同じことを言うと、「あなた達は全員、私の息子よ」ということになります。そして、そうなった皇子達は、「草壁皇子を一番の兄とする弟達」に変わるのです。

当時の——そしてその後においても、母親を違える兄弟のカウントの仕方は、年齢順ではありません。その前に「母親のポジション」が問題になります。「正妻」と目される身分の高い母親から生まれた子が「上」で、そうでない母親から生まれた子は、年上であっても「下」です。だから、その場に居合わせた天武天皇と天智天皇の皇子達は、「草壁皇子を長男とする弟達」のようになってしまうのです。

その「吉野の誓い」の時に草壁皇子は十八歳。そして、二十歳を過ぎた頃になると、草壁皇子は「正当なる皇位継承者」となります。「案の定」です。彼は「正統なる皇位継承者」なのですから、彼が死んでも「草壁皇子の忘れ形見は正統なる皇位継承者」ということになるかもしれませんが、兄弟相続が当たり前に存在していた古代では、そう簡単に行きません。だからこそ、天武天皇が死ぬとただちに、持統天皇は、「我が子の有力なるライヴァル」となる大津皇子を無実の罪で殺してしまうのです。

天智天皇と天武天皇の六人の皇子を全部ひっくるめて「我が子」にしてしまった、后である持統天皇は、いとも簡単に草壁皇子を「第一の皇位継承者」にすることが出来ますが、しかしその草壁皇子が死んでしまうと、その結果の困難が生まれます。「草壁皇子の後を継承しうる弟達」が出現してしまうからです。持統天皇の即位に「他の皇位継承候補者を排除する」という一面があったのは、そのためです。

草壁皇子の死後に「即位が可能になるような皇位継承候補者」がいたのかということになると、当人がそのことを意識していたかどうかは別にして、いました。草壁皇子より八歳年上で、草壁皇子が死んだ時には三十六歳になっていた高市《たけち》皇子です。

◎「最有力」だったかもしれない天武天皇の皇子

壬申の乱の時に気弱になっていた父親の天武天皇を励ました高市皇子の母は、九州の豪族の娘です。だから、壬申の乱の十九歳当時で、高市皇子は自分のことを「天皇にはなれない存在」と自覚しています。どうしてかと言うと、気弱になった父親を励ます彼は、自分のことを「臣高市」と言っているからです。「自分は〝皇子〟かもしれないが、しかし皇位継承候補者となるような〝皇子〟ではない。天皇に仕えて忠実なる〝臣下〟であるような皇子だ」ということです。

　高市皇子はそういう存在です。でも「吉野の誓い」の一件で、高市皇子もまた「持統天皇の皇子の一人」という資格を得てしまったのです。だからと言って、高市皇子の中には「我こそが次の皇位継承候補者だ」という考えはないでしょう。「吉野の誓い」は、まず「父たる天皇、母たる后に背かない」があるものだからです。「臣高市」を自覚する高市皇子は「忠実なる天皇の臣下」として存在します。そのことが分かっているからこそ、即位した持統天皇は、この高市皇子を自分の輔佐《ほさ》役に任命するのです。高市皇子は、持統天皇の下で「太政大臣」のポストを得ます。

　後になればこのポストは「太政大臣《だいじょうだいじん》」と呼ばれます。平清盛がなったポストです。しかし、高市皇子の時代にこのポストは「太　政　大　臣《おおきまつりごとのおおまえつきみ》」と呼ばれて、天皇を輔佐する皇子のためのポストでした。高市皇子の前の太政大臣は大友皇子で、彼を皇位継承者にしたいと思う天智天皇が、我が子のために創設したポストなのです。

「太政大臣」は、そういうポストで、高市皇子は持統天皇の下で史上二番目の「太政大臣」になっています。だから「誤解」が生まれるのです。どういう誤解かと言うと、「高市皇子は持統天皇の皇位継承者かもしれない」という誤解です。持統天皇は、単に「輔佐役の皇族」として高市皇子を任命しただけなのかもしれないけれど、その朝廷に仕える男達は、「大友皇子と同様の皇位継承者として、持統天皇は高市皇子をお用いになるのだな」と、考えてしまうかもしれないということです。

それは「誤解」かもしれないけれど、朝廷に仕える男達からすれば、高市皇子の太政大臣就任は、十分に納得しうる人事なのです。天武天皇の皇子中の最年長で、壬申の乱の時には先頭に立って戦った人――即位した持統天皇の下で太政大臣になったのは二十七歳の時ですから、いくら持統天皇が優秀で、新国家建設の中心人物になっているとはいえ、その下で実務面の輔佐をする高市皇子が「持統天皇の次の天皇」になってもおかしくはないのです。ちなみに、高市皇子は、持統天皇より九歳だけ年下の「義理の息子」なのです。

だから、高市皇子が四十三歳で死んだ時、彼は「後皇子尊《のちのみこのみこと》」と呼ばれるようになります。「後皇子」というのは、「草壁皇子の次の皇子」という意味で、「尊」は天皇かそれに類する人への称号です。四十三歳で死んでしまった高市皇子は、「持統天皇の皇位を継ぐ人」と、どこかで考えられてもいたのです。

だから、高市皇子が死ぬと、新たなる皇位継承者を定めようとする御前会議が開かれます。このことは歴史を記す『日本書紀』には書かれていなくて、奈良時代に編集された『懐風藻《かいふうそう》』という漢詩集の中に記述されています。

◎天智天皇の孫の声

『懐風藻』は、「高市皇子の死後に皇位継承者の選定会議があった」ということを明確に言って、「その会議は紛糾した」と続けます。紛糾の理由は言うまでもなく、「俺が」「私が」「いや、彼が――」の声が渦巻いていたからでしょうが、その時に葛野王《かどの》という人物が立って、声を上げます。

その趣旨は、「我が国では、神代の昔から親から子への相続が定められていて、兄弟相続ということになったら争いが起きる。〝天意〟などと言っても、天の意志など誰にも分からない。人間関係から考えれば自ずと決まっているのだから、ガタガタ騒ぐものではない!」ということです。葛野王の怒声が会議の方向を決定づけてしまうのですが、問題は、この「葛野王」なる人物がいかなる存在かということです。

葛野王は、天智天皇の孫です。そして、天武天皇と壬申の乱を戦って敗れた大友皇子の子です。壬申の乱は、天智天皇が我が子への継承を願って、しかし弟の天武天皇にその相続を阻止された事件です。だから、大友皇子の子が「兄弟相続は間違っている。親子の相続が正しい」と主張するのは筋が通っています。しかし、葛野王がそれを主張する場は、「正しい相続」を妨げて、兄弟相続を実現させるために国を二分する戦いを起こした天武天皇の、その後を継いだ后が天皇になっている朝廷なのです。その会議の場には、当然持統天皇もいます。そこで「兄弟相続は間違いだ！」ということは、「この天皇の朝廷には正当性がない」ということでもありますが、そんなことを言ってよかったのでしょうか？　もちろん、よかったのです。だから、それを言った葛野王は「持統天皇からご褒美《ほうび》の昇進に与《あずか》った」と、『懐風藻』は「葛野王の履歴」で語っています。

葛野王が持統天皇のお褒《ほ》めに与った理由など、簡単ですね。そこで「兄弟相続」というものを認めれば、皇位継承権は高市皇子の異母弟である「天武天皇の他の皇子」に移ってしまいます。でも、「親子相続が正統なるあり方だ」ということになれば、それは当然、死んだ草壁皇子の子へ移ります。親から子で、祖母から孫です。葛野王の言う「人間関係から考えれば自ずと決まる」というのは、そこのところを暗示するというか、明確に指し示しています。

天武天皇には、例の「吉野の誓い」に参加しなかった皇子達もいます。その時にはまだ若いか幼かったからでしょう。その皇子の一人――つまり、天武天皇や持統天皇に「私は背きません、和を乱しません」という誓いをしなかった弓削《ゆげ》皇子は、葛野王の発言に対して異議を唱えようとします。でも、葛野王に怒鳴りつけられて、沈黙してしまいます。

弓削皇子、あるいはその他の人間を黙らせてしまう葛野王の「怒り」は、「私の父はその戦争で命を落としたんだぞ！　殺されたんだぞ！　だから私は、体を張ってでも〝兄弟相続の誤り〟を訴えるんだ！」です。言ってみれば、「この朝廷は私の父の屍《しかばね》の上に成り立っているんだぞ！」です。大友皇子の死は、敗戦の結果の自殺ですが、「天武天皇に殺された」であっても、間違いではありません。葛野王にそれを言われて、持統天皇の朝廷で反論出来る人はいないでしょう。でも、葛野王は、「この朝廷は偽物だ！」なんてことは言わないのです。「兄弟相続はだめだ！」と言わせるのに葛野王を連れて来るのは、絶妙のキャスティングであって、同時に残酷極まりない起用です。『日本書紀』にこのエピソードは存在しませんが、私は『懐風藻』の記述は、根本のところで信用出来るものと思います。このエピソードがあることによって、さまざまな「謎」が晴れるからです。『日本書紀』はこの一件に沈黙していますが、実は、文武天皇の即位は、高市皇子の死の翌年なのです。しかも、高市皇子が死んで丸一年がたった、その翌月なのです。

◎「一人前の女性の天皇ならいいが、子供の天皇はだめ」という正論

これまでの経緯を振り返ってみると、さすがの持統天皇にも、「朕《わたし》の後には草壁皇子の忘れ形見を立てる」という決断は出来なかったように思います。だからこそ、高市皇子が死ぬと、まだ十五歳の文武天皇を即位させてしまうのです。

当時の日本で「成人年齢」とされていたのは、二十歳か二十一歳で、十五歳では「子供」で

す。十五歳の天皇がＯＫであるのなら、草壁皇子が死んだ時に七歳だった文武天皇が、その段階で即位することだって可能です。でも、それは出来なかった。だから、持統天皇は自分で即位をして天皇になったのです。その時の持統天皇には、「幼い孫の成人を待って譲位をする」という意志は、おそらくなかったでしょう。「成長を待つ」というのだったら、まだ十五歳の文武天皇に対する譲位は起こらないはずです。でも、即位する持統天皇には、「孫に天皇を譲りたいのだが――」という意志だけはあったでしょう。意志はあっても、それを実行出来ない――どうしてかと言えば、まだ高市皇子が健在だったからです。だから、高市皇子が死ぬと、若すぎる文武天皇への譲位が起こるのです。

持統天皇としては、大津皇子の時のように、さっさと高市皇子を葬りたかったかもしれません。でも、それは出来ませんでした。どうして出来ないのかという理由を勝手に考えれば、「後継者の子供が若ければ、その相続は子ではなく兄弟へ」という原則が生きていたからだとしか思えません。高市皇子がいなくなっても、まだ「天武天皇の皇子」はいるのです。だからこそ、葛野王の「兄弟相続はいけない！」という声は必要になるのです。そして、だからこそ、高市皇子の上に立つ「母なる后」――持統天皇の即位は必要となるのです。ここには、「子供の天皇はだめだが、一人前の女性の天皇なら一向にかまわない」という正論があったとしか考えられません。その正論に従って、持統天皇は天皇となったのです。

四十三歳で高市皇子が死ななかったら、持統天皇は、孫の文武天皇への譲位など出来なかったでしょう。高市皇子が死んだ後でさえ、「皇位継承者選定会議」は揉めるのです。男達は、当然「高市皇子が持統天皇の皇位継承者」と考えていて、太政大臣として高市皇子が生きている間に、「高市皇子ではなく、草壁皇子の忘れ形見を！」などということを、いくら持統天皇でも言い出せないでしょう。言い出しても男達は賛成しません。そうなったら、高市皇子を毒殺するか、謀叛の容疑で逮捕するしかありません。そして、幸いなことに、高市皇子は死んでしまったのです。葛野王という人もいたのです。

高市皇子が健在の間であっても、「持統天皇は草壁皇子の忘れ形見を天皇にしたがっている」ということは、人に知られていたでしょう。だからこそ葛野王の「人間関係から考えれば自ずと決まっている」という発言もあるのです。

葛野王の存在は、とても重要です。彼の「兄弟相続はだめだ！」という声によって、天武天皇の皇子達は、皇位継承レースから一挙に姿を消してしまったのです。そして、「親から子への相続が正しいあり方だ」という声によって、「天智天皇の弟」である天武天皇の存在は薄くなります。「天智天皇の娘」である持統天皇の存在感がずっと大きくなって、「天智天皇の子孫の方が、皇位継承者としては正統だ」という方向へ傾くのです。元明天皇が即位の時に持ち出した「天智天皇の不改の常典」なるものが説得力を持ってしまうのも、葛野王の発言ゆえと考えられるのです。

◎元明天皇の「背後」にあるもの

「元明天皇は傀儡性の強い天皇だ」とは既に言いましたが、だからと言って、元明天皇が誰かの「傀儡」であるとは言えません。どうしてかと言うと、元明天皇が即位した時には、その元明天皇を操って利益を得られる「大権力者」というものが、いないからです。「元明天皇の即位を可能にした陰の黒幕」のような人物はいたかもしれませんが、その人物はまだ「天皇を操る力を持った大権力者」なんかではないのです。

元明天皇の即位を実現させた人物は、もちろん、死んで行った息子の文武天皇です。いやいやながらこれを引き受けた元明天皇は、言ってみれば「文武天皇の傀儡」です。しかし、死んで行った人に生きている元明天皇を操る力はありません。そしてそうなって、「どうして文武天皇は自分の母親に譲位をするなどという無茶なことをしたのだろうか?」という疑問も浮かび上がって来ます。

文武天皇が自分の母親に譲位をしたのは、七歳になった聖武天皇の将来的な即位を実現させてもらうためですが、文武天皇はなぜ、幼い皇子の未来における即位に執着したのでしょうか? 「我が子が愛《いと》しかったから」と言ってしまえばそれまでですが、それだけではないかもしれません。もしかしたら、文武天皇が思ったのは「未来のこと」ではなくて、「過去のこと」だったのかもしれないのです。つまり、元明天皇の即位を実現させたのは、死んで行くのは文武天皇だが、文武天皇に「我が子の将来的な即位」を祈念《きねん》するようにさせたのは、死んでしまった持統天皇かもしれないということです。

元明天皇が「傀儡性の強い天皇」であって、しかしその彼女を操るものはいないというのは、元明天皇が「持統天皇の意志を体現させたい文武天皇によって即位させせられたから」だと考えられるのです。つまり、元明天皇は「持統天皇の影」の中にいるのです。

◎皇太后になれなかった（？）内親王

持統天皇――あるいは持統上皇の影響下にある時代には、「一見不思議には見えないが、よく考えてみると不思議だ」ということがいくらでもあります。それは「律令国家への移行がまだ行われず、行われてもまだ完全に定着していなかったから」ということも考えられるのですが、しかしそれがあるところに偏《かたよ》っていたりすると、やっぱり「なにかある」と思われてもしまいます。

「天武天皇の血筋がいつの間にか消えてしまっている」とか、「天智天皇の定めた〝不改の常典〟なるものがいつの間にか存在している」というのもそうしたことの一つですが、即位前の元明天皇のあり方にも、そういうものがあります。

「太上天皇」とか「内親王」――そして「親王」という称号が大宝令の発効によって出現したということは既に言いましたが、「皇后」の称号もそれです。だから私は、今まで「皇后」という言葉を使わずにただ「后」と言って来たのですが、大宝令の発効によって、「皇后」「皇太后《こうたいごう》」「太皇太后《たいこうたいごう》」という三種類の后が出現します――というか、ただの「后」が三種類に分化するのです。

摂関政治の時代になれば、中宮という「もう一人の皇后」が出現し、「なにを皇后とし、なにを皇太后とするか」という規定もあやふやになってしまうのですが、この時代ではまだその規定が明確です――というか、そのはずです。

「天皇の正妻」が皇后で、「天皇の母」あるいは「先代の天皇の皇后」が皇太后、「天皇の祖母」あるいは「先々代の天皇の皇后」が太皇太后です。この区分は明確なはずですが、しかし女帝の数ばかりが多いおかげで、聖武天皇の正妻である光明皇后が登場するまで、成立した律令国家に「皇后」はいません。そして、その皇后が出現すると、ある規定が無効になってしまいます。

たとえば、文武天皇には妻がいて、聖武天皇の母となった人がいるにもかかわらず、「皇后」はいません。どうしてかと言うと、天皇の妻には「后、妃、夫人《ぶにん》、嬪《ひん》」の四段階があって、前の二つになれるのは「天皇の血を引いた女性だけ」で、「天皇の血を引かない臣下筋の女性」は、「夫人」か「嬪」にしかなれないのです。というわけで、文武天皇に「夫人」という妻はいても、「皇后」はいないのです。そして、藤原氏の娘である光明皇后が出現した段階で、「天皇の妻の身分の四段階」はあっても、「なにによってその線引きをするのか」という規定が曖《あい》昧《まい》になってしまうのです。

　そういう長い前置きがあって、「即位前の元明天皇の不思議」です。

元明天皇は草壁皇子の妻で、文武天皇の母なのですから、草壁皇子が天皇として即位をしていなくても、文武天皇の在位中に大宝令が発効してしまえば、彼女は「皇太后」なのです。ところが、文武天皇の治世を語る『続日本紀』のその部分には「皇太后」の語がありません。後に彼女は天皇になってしまうので、「文武天皇。母は元明天皇」ですんでしまいます。元明天皇自身が「天皇になりたがらなかった人」なので、『続日本紀』のその部分に「皇太后」の語が存在しなくても不思議はないようなものですが、私は、「果して阿閉内親王としてあった元明天皇は、皇太后の称号を贈られていたんだろうか？」などと考えてしまいます。

　それは私の考えすぎかもしれないのですが、ありえないことではないかもしれません。なにしろ、元明天皇となる人は、持統天皇の異母妹であると同時に、「持統天皇の嫁」でもあるからです。大宝令の発効時に「姑《しゅうとめ》」の持統上皇は健在なのです。だから、「持統上皇は嫁の阿閉皇女に〝内親王〟の称号だけは与えて〝皇太后〟にはしなかったかな？」などとあらぬことを考えてしまうのです。

◎持統天皇の異母妹で持統天皇の嫁

元明天皇は、俗な言い方をすれば「持統天皇の嫁」です。「姑が持統天皇」というのは、大変なことだと思いますよ。元明天皇は、草壁皇子より一歳年上で、文武天皇を含めた一男二女を得ました。「夫婦仲はよかっただろうな」と思いますが、その夫が死んでしまうと、「姑は持統天皇」です。この姑は「息子」を愛して、「孫」を愛しています。人生の最終局面は「愛する息子の忘れ形見のため」に生きています。一方の元明天皇は、表に出たがらないような存在です。そういう「嫁姑の関係」がどんなものかは、大体想像がつくではありませんか。「たとえ別居ではあっても、持統天皇の嫁にはなりたくないな」と思う女性は、いくらでもいるでしょう。そして母親がそういう存在だったら、その子供はどういうものになるのか？　普通は「お祖母《ばあ》ちゃん子」というものになるでしょう。文武天皇は「持統天皇の大いなる影響下に育った」と言ってもいいはずです。

その文武天皇が重病になります。まだ幼い皇子もいます。その皇子の誕生を、元気だった持統上皇は最大級の喜びで祝福したはずです。なにしろその皇子――聖武天皇は、文武天皇が十九歳の年、大宝律令が完成した年に生まれているのです。「律令は完成した、天皇になった孫には後継の皇子が生まれた」です。これで持統上皇が喜ばないはずはありません。生まれた聖武天皇は「新しい律令国家そのもの」でもあるのですから。

死に行く文武天皇は、その皇子を後に遺《のこ》して行かなければなりません。聖武天皇の即位は、その誕生を喜んで、そして死んで行った持統上皇にとって、「あって当然のこと」であるはずです。文武天皇にとって、「自分の皇子を即位させる」は、自分自身の願いであるよりも、「死んで行った持統上皇の遺志に背かない、課せられた義務」のようなものでもあったはずです。「孫」であった自分を愛して天皇にまでしてくれて、治める国家のシステムさえ用意してくれた偉大なる祖母――その意志を裏切ることなど出来るはずはありません。そして、その文武天皇には「忘れ形見となる皇子の祖母」であるような「母親」もいるのです。文武天皇の元明天皇への譲位は、「母上、持統上皇になって下さい」でもあるのです。奇《く》しくも、後に遺される幼い皇子の年齢は、自分が父の草壁皇子を失ったのと同じ七歳なのです。譲位を受ける元明天皇は、「持統天皇」にならなければいけないのです。

もしかして、元明天皇がいやがったのは、「即位して天皇になること」ではなくて、「即位して第二の持統天皇になること」だったかもしれません。でも、元明天皇は「持統天皇」になるしかなかったのです。

そして、元明天皇はちゃんと「持統天皇」になりました。だから、孫の聖武天皇が十五歳になった年の秋、さっさと譲位をしてしまいます。文武天皇が即位したのは、十五歳の年の八月一日。元明天皇の譲位は、聖武天皇が十五歳になった年の九月一日です。「朕《わたし》は持統天皇より一月長くやった。もういいでしょう！」というところかもしれません。もちろん、元明天皇の譲位の相手は聖武天皇ではなくて、自分の娘の元正天皇です。元正天皇に譲位した理由は、「本当は皇太子（聖武天皇）に譲位をすべきだけれど、まだ年若で後宮を離れられないから」なのです。

十五歳の聖武天皇は、元明天皇の目から見ても「まだ頼りない」だった。でも、「朕はノルマをこなした」と思う元明天皇は、「もう年だから疲れた」という理由だけで、一番身近な「自分の娘」に譲位をしてしまいます。その時、元明天皇は五十五歳で、文武天皇に譲位をした時の持統天皇は五十三歳でした。元明天皇の「もう辞めたい」は、ある意味で「十分納得出来ること」です。

そういう元明天皇のあり方を見れば、一つの天皇像も浮かび上がって来ます。それは、たとえ「いやいや天皇になった」であったとしても、「天皇としてあれば十分に天皇らしくなって来る」です。

元明天皇は厳《おごそ》かに、「もういやだから下りる」と公言しています。母から娘への譲位などというのは、後にも先にもこの時だけですが、それに対する「深い根拠」などありません。「天智天皇の不改の常典」を持ち出して天皇になった元明天皇は「天智天皇の皇女」で、元正天皇は「譲位を言い出す天皇の子」で「天智天皇の孫」なのです。譲位する元明天皇は、男達に対して「朕の娘なんだから文句ないでしょう」と言っているようです。

その初めはどうであれ、天皇になってしまえば、もうどこにも遠慮はいらない――元明天皇はそのような形で「当時の天皇のあり方」を示してもいるのです。

そのように、当時の天皇は「絶対」でもあって、元明天皇という女性のあり方もまた、いたって「現代的なもの」ではありませんでしょう。

◎聖武天皇よりも有力な皇位継承候補者

その初めには「気弱」だった元明天皇も、最終的には「わがまま勝手」に近くなって、天皇の座を下りてしまいます。それが可能だったのだから、彼女を操っていた「誰か」というものは存在しなくて、ただ「彼女の上には死んだ持統上皇の幻影が重くのしかかっていた」というだけでしょう。ある意味で元明天皇は、「周囲の状況を全然見ていなかった」に近いのかもしれません。というのは、元明天皇が即位することによって、「聖武天皇の即位を困難にする状況」も生まれていたのです。だから、十五歳の聖武天皇は「まだ頼りない」と思われ、元正天皇の「更なる中継ぎの即位」も必要となるのです。その御世には、「天皇が若くて頼りなかったら困る」という状況もあったのです。そしてその状況は、元明天皇の即位によって生まれていたのです。

それは、「後皇子尊《のちのみこのみこと》」と呼ばれた高市皇子の一族のあり方から生まれます。

即位の時に不安がっていた元明天皇を励ましたのが姉の御名部《みなべ》内親王で、彼女が高市皇子の妻だったということは既に言いました。御名部内親王と高市皇子の間には、男の子が生まれていました。文武天皇より一歳年下の長屋《ながや》王です（系図6参照）。御名部内親王と元明天皇は母を同じくする姉妹で、当然年も近いのですから、仲もよくて、「不安がる妹を姉が励ます」ということも起こります――ちなみに、母の違う姉妹の持統天皇と元明天皇の年齢差は十六歳です。

ここまではなんでもありません。「吉野の誓い」によって「天武天皇と持統天皇の子」という認知を得られた高市皇子ですから、そこに「持統天皇のもう一人の腹違いの妹」が与えられて妻になっても不思議はありません。「御名部皇女」であった人は長屋王を生み、そして、高市皇子は世を去ります。ここまでも、まだ別になんともありません。しかし、文武天皇に皇子が生まれ、元明天皇がその後に即位をしてしまうと、微妙な変化が生まれます。

世を去った持統上皇も文武天皇も、生まれた皇子――聖武天皇の将来的な即位を疑ったりは

《系図6 長屋王と元明天皇の一族》

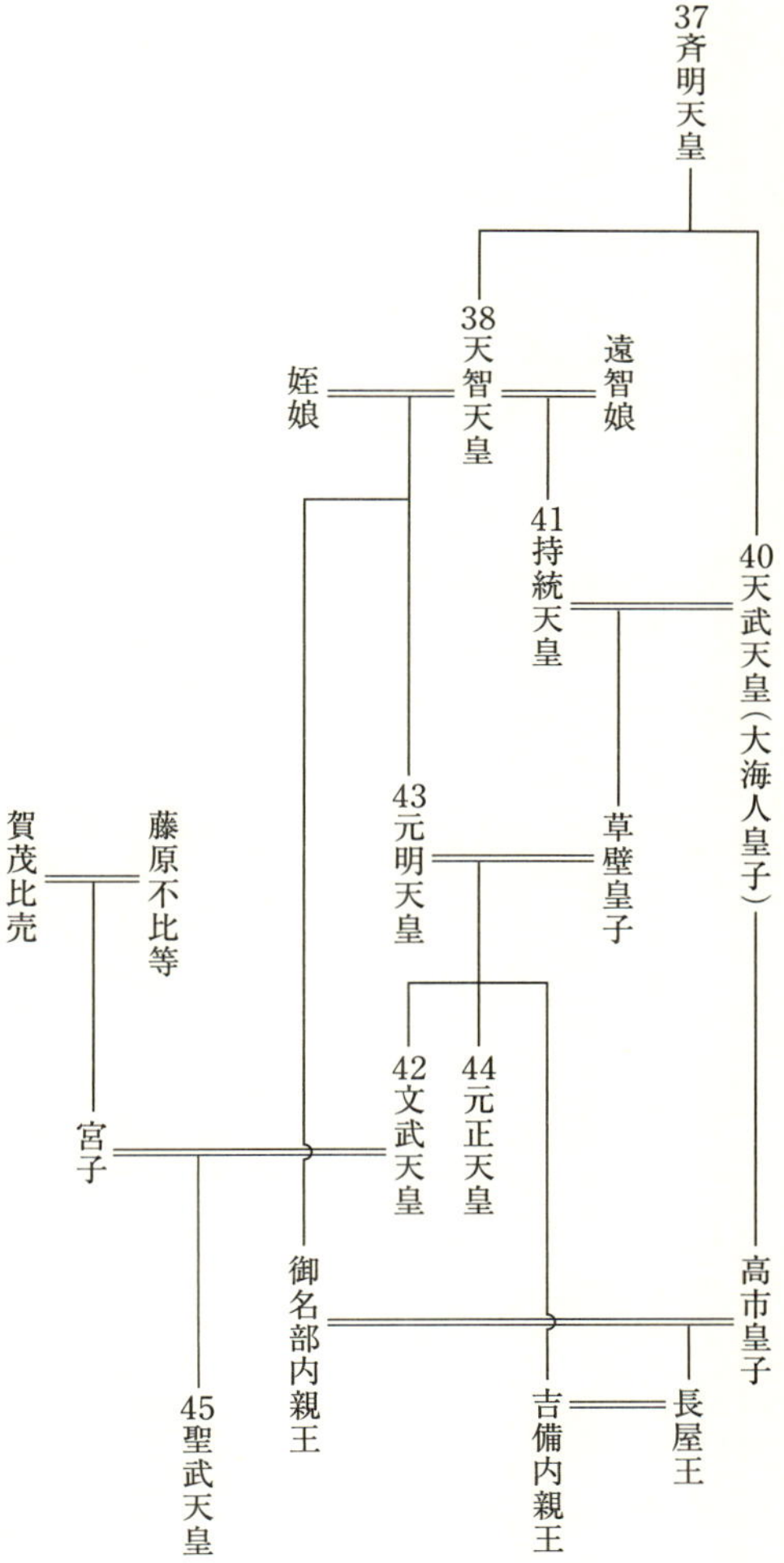

数字は天皇の代数

しなかったでしょうが、聖武天皇の母親は、「天皇の娘」でも「天皇の血を引く娘」でもなかったのです。その母親は、中臣《なかとみ》＝藤原鎌足《ふじわらのかまたり》の息子である藤原不比等《ふひと》と賀茂比売《かものひめ》という女性の間に生まれた「臣下の娘」――藤原宮子《みやこ》です。しかるに、高市皇子の子でもある長屋王の母は、「天智天皇の娘」である御名部内親王なのです。

ここまでは、まだ「そんなことどうでもいいじゃないか」の部類です。文武天皇は、高市皇子よりもずっとランクが上の草壁皇子の子なのですから、男系の父親と比較したら、長屋王よりは聖武天皇の方がずっと上です。ところがしかし、そこに「元明天皇の即位」という要素が加わるのです。「天智天皇の娘」である元明天皇が即位してしまうと、長屋王は「現天皇の姉の子」になってしまうのです。一方の聖武天皇は、「現天皇の孫」で、「前天皇と臣下の娘の間に生まれた子」です。ポジション的に言えば、長屋王は「天武天皇」に該当し、聖武天皇はその甥である「天智天皇の子の大友皇子」に該当してしまうのです。しかも、元明天皇と御名部内親王の親しさによるものか、長屋王には文武天皇の姉妹である元明天皇の娘――吉備《きび》内親王が妻として与えられていたのです。長屋王は、「現天皇の甥で、現天皇の娘の夫」になっているのです。しかも、長屋王は、文武天皇より一歳年下なだけで、聖武天皇よりはずっと大人なのです。元明天皇は、孫の聖武天皇を即位させるために「中継ぎの天皇」にならなければなりませんでしたが、その即位は結果として、長屋王を「より有力な聖武天皇のライヴァル」としてしまうのです。

　そのことを、果して元明天皇が理解していたのかどうか。もちろん、それが世を去った持統天皇なら、「事の由々しさ」を十分に理解したでしょう。でも、元明天皇だと分かりません。というのは、娘の元正天皇への譲位が起こる年の初め、元明天皇は、長屋王の妻となっていた娘の吉備内親王が生んだ子供達を「皇孫」として扱うようにしてしまうのです。

　吉備内親王は元明天皇の娘で、やがて譲位を受ける元正天皇の姉妹です（年齢が分からないので、元正天皇の姉なのか妹なのか分かりません）。おそらくその段階で、元明天皇は「元正天皇への譲位」を決めてしまっていたのでしょう。「娘の一人が天皇なら、もう一人の娘に対しても、それなりの処遇を」ということでしょう。吉備内親王は「元明天皇の娘」なんですから、彼女の生んだ子は「天皇の孫＝皇孫」です。別に不思議はないのに、それがなぜ「それなりの処遇」になるのかと言えば、彼女の夫——つまり「元明天皇の孫の父」が、長屋王だからです。

　長屋王は、父方をたどれば「天武天皇の孫」です。だから、それを「長屋王の子」と考えると、吉備内親王の生んだ子供達は「皇孫の子＝天皇の曾孫」であって、「天皇の孫」ではなくなるのです。だから、元明天皇は「長屋王の子を」ではなく、「吉備内親王の子」を「天皇の孫と同等の存在」とするのです。

こんなことをするのは、元明天皇以外に考えられません。どうしてかと言えば、その子供達が「天皇の孫」ということになったら、長屋王は「天皇の子＝親王」と同格になってしまうからです。「聖武天皇の即位」を考える人間だったら、そんな危険なことを考えないでしょう。それをすれば、長屋王はまた天皇の座へと一歩近づいてしまうからです。そんなことをしてしまうのは、「長屋王はともかくとして、彼女は朕《わたし》の娘よ」と考えることが出来る、元明天皇だけです。つまり、元明天皇は、自分の「義務」でもあるような「聖武天皇の将来的な即位の実現性」に関して、とても甘い見通しを持っていたということなのです。

そして元明天皇は、吉備内親王の姉妹である、独身の元正天皇へ譲位をしてしまいます。「本当に大丈夫なんですか？」と言いたいのは、おそらく私だけではないはずです。

◎「女」であることに対して、どこからも文句は出ない

元明天皇の考え方は、おそらくとてもイージーです。「朕は天皇だし、故文武天皇の皇子は朕の下で皇太子になっているのだから、将来の即位は間違いがない」です。だから、「もうこのへんで譲位をしたい」にもなるし、「朕の娘なのだから譲位の相手は彼女でいい」にもなるし、「姉妹の片方が天皇になるのに、もう一人の娘が〝孫王《そんのう》の妻〟で、生まれた子供が〝孫王の子〟になってしまうのでは可哀想」で、「吉備内親王の子を皇孫と同等に」ということにな

るのです。

「即位する」ということに対して、六人の女帝の内で最も消極的だった元明天皇が、いつの間にか「最もやりたい放題の女帝の一人」になっているのは、おそらく天皇としての足掛け九年の在位が可能にしたものでしょう。「経験が変貌《へんぼう》を可能にする」——あるいは、「地位が人の変貌を可能にする」というのは、別に「現代的」でもなんでもなく、「昔からある当たり前のあり方」でしょう。そして、元明天皇の考えが少し甘かったのかもしれないけれど、彼女のやったことは、そう「やりたい放題」でもありません。彼女のしたことを「やりたい放題」と言うのは、やはり「男の目から見た偏見」でしょう。

彼女のしたこと——「娘の一人を天皇にして、残りの一人にもそれなりの処遇を与える」というのは、特別のことでも特殊なことでもありません。男の天皇がそれをしたら「不思議でもない当たり前のこと」です。そこに「とやかく言う口」が入り込むのだとしたら、「長屋王と吉備内親王の子」であるものをただ「吉備内親王の子」としたという、「一方的な女の持ち上げ方」ということになるのでしょうが、元明天皇が女性である以上、「女の方を持ち上げる」は、別に不思議なやり方ではありません。「朕は女で、朕には娘しかいない」ということになったら、これは当たり前のことです。そして、元明天皇のいた時代に、男達は誰も（少なくとも表向きは）文句を言わなかったのです。それはつまり、「天皇が男でなければならない理由はない」ということでもあります。

「天皇が男であらなければならない理由はない」で、「天皇は、男であっても、女であっても、どちらでもかまわない」という共通理解があればこそ、「元正天皇への譲位」も「吉備内親王の子を皇孫同様に」も可能になったのですが、「謎」というのは――あえてこのことを「謎」と言ってしまいますが――その「男女は同等」という感覚は、どのようにして培われて来たのでしょうか？　あるいは、「培われた」ではなくて、「いつ頃からそれは〝当たり前〟だったのか？」ということです。

◎天皇家だけの「特別」

もちろんそれは、「日本の古代において、男女は平等あるいは同等だった」ということではありません。「平等」あるいは「同等」だったら、天皇以外にも「女性の行政官」というものはいたはずです。「女性の官僚」がいたとしたって、それは「天皇の後宮内部」に限られるようなものですし、「女性の豪族の長」というものも（おそらくは）いません。その「同等」あるいは「平等」は、天皇家の中だけに限られたものです。

つまり、「天皇」と「天皇の血を引く人達」だけが特別で、その「別格」感は、男女の差を超えていたということですが、では、その「特別な中での同等」というものは、いつぐらいから始まったのでしょうか？

2 「皇」の一字

◎天智天皇の妻は誰？

まず、「天皇と天皇の血を引く人達の別格」からです。

たとえば、「天武天皇の正妻＝后」は、持統天皇となった鸕野讃良《うののさらら》皇女ですが、では、「天智天皇の正妻＝后」は誰でしょう？　よほど古代史に詳しい人でなければ、これは「難問」です。

天智天皇の最も古い、そしておそらくは最も愛した妻は、持統天皇や大田皇女を生んだ蘇我一族の遠智娘《おちのいらつめ》です。彼女は女子だけでなく、天智天皇の皇子も生んでいますが、その皇子は早世《そうせい》して、彼女もまた早くに死んでいます。天智天皇が即位をしたのは、大化の改新の二十三年後で、彼の子を生んだ女性は、遠智娘の他に七人いますが、そんな彼の「后」となった正妻は誰でしょう？

前のような言い方をすると、「早い時期に愛する遠智娘を失った天智天皇は、その後複数の女性を愛するだけで、正妻となるような女性を持たなかった」と思われてしまって、「正妻は遠智娘だ」ということになってしまうかもしれませんが、違います。

系図5にはその人の名前が載っています。天智天皇の父舒明《じょめい》天皇と、蘇我馬子《そがのうまこ》の娘である法《ほ》提郎媛《てのいらつめ》との間に生まれた、天智天皇の異母兄である古人大兄《ふるひとのおおえ》皇子の娘の倭姫《やまとひめ》王です。

古人大兄皇子は、天智天皇となった中大兄《なかのおおえ》皇子にとっては、「危険な人物」でもあります。大化の改新以前、彼は蘇我入鹿《いるか》と組んで厩戸《うまやど》皇子の子の山背大兄《やましろのおおえ》王殺害に関与しています。中大兄皇子の入鹿殺害の時には、中大兄皇子の母の皇極《こうぎょく》天皇のそばに座っています。大化の改新は、「朝鮮半島にある三国（三韓）の使者が揃って来航し、皇極天皇に会う」という設定で作られた偽の儀式を舞台にする殺害事件です。でもそれは公式行事であるので、皇極天皇がいて、そのそばに古人大兄皇子もいたということは、彼がその時「皇位継承者」と目されていたということです。つまり、相変わらず「有力な皇位継承候補者」としてあった山背大兄王を殺した蘇我入鹿は、古人大兄皇子を次期天皇に擬《ぎ》していたということでもあります。

そんな古人大兄皇子ですから、目の前で蘇我入鹿が惨殺されるのを見ると、慌てて――あるいはこそこそと家に逃げ帰り、皇極天皇が譲位するに際しても、「第一の皇位継承候補者」であるにもかかわらず辞退し、出家して都を去ってしまいます。そして、その数カ月後には「謀叛を計画している」という情報が入って兵を差し向けられ、殺されてしまいます。その兵を指揮したのは、中大兄皇子です。

古人大兄皇子の「謀叛」というのも冤罪《えんざい》の可能性が強いもので、「謀叛」を訴え出た一味の男は、そのことによって、孝徳天皇から結構な褒美を受けています。入鹿殺害当時には二十歳でしかなかった中大兄皇子がかなりノンキで、皇極天皇の譲位を受けた叔父の孝徳天皇がしたたかな人間であるということは既に言いましたが、古人大兄皇子という存在は、注意深い――あるいは疑い深い孝徳天皇にとっては、「生かしておくと厄介な存在」でもあったような人なのです。自分が手を汚すということをしない孝徳天皇は、出家して吉野に向かったその皇子の討伐を、疑うことを知らない甥の中大兄皇子に命じます。それから二十三年後に即位して天智天皇となった中大兄皇子の正妻＝后は、その殺された古人大兄皇子の娘の倭姫王なのです。

日本人のメンタリティの基本部分を作ってしまった江戸時代的な考え方からするならば、「父の敵の妻となる」などというのは救いのない屈辱で、「殺した男の娘を妻にする」というのは、残忍な征服欲の表れか、殺人行為に対する罪ほろぼしということにもなりますが、どうも古代の人はそういう考え方をあまりしなかったみたいです。だから、「壬申の乱で殺された父」を持つ天智天皇の孫の葛野《かどの》王だって、「敵」である天武天皇系の朝廷にいて、孫の即位を望む持統天皇のために一役買っているのです。

倭姫王がいつ天智天皇＝中大兄皇子の妻となったのかは分かりません。父を失ってすぐなのか、あるいはずっと後の、天智天皇が即位した頃なのか。『日本書紀』は天智天皇七年――この時期に年号というものはなくて、西暦なら六六八年の二月に、「古人大兄皇子の娘の倭姫王を后とする」と書くだけです。それ以外に、倭姫王が歴史に登場することはありません。また、倭姫王と天智天皇の間に「子があった」という記述もありません。倭姫王は、突然「天智天皇の后」となって登場し、消えるのです。もしかしたら、それだけの存在なのかもしれません。

私が言いたいのは、「天皇の后となる女性は天皇の血を引いていなければならない」ということがあって、その血筋は「天皇に近ければ近いほどいい」ということがあり、その条件を受けて天智天皇の「后」に該当するような人は、「亡き異母兄皇子の娘」である倭姫王しかいなかった――倭姫王が、前記の条件を最もよく満足させる存在だったということです。つまり、倭姫王は「形ばかりの正妻」だったかもしれないのです。

◎「天皇家の娘」しか后にはなれない

天皇の正妻である后には、「天皇の血を引いた女性」しかなれませんでした。だから、「后」の上に「皇」の一字を付けて「皇后」と言うのです。藤原氏の娘である光明《こうみょう》皇后が登場するまではそうでした。「皇后」は「天皇の后」ではなくて、「天皇と一族である后」です。ちなみに「皇」の一字を訓読みにすると「皇《すめら》」「皇《すめ》」で、まだ上皇の制度がなかった時代に譲位をした皇極天皇の称号が「皇祖母《すめみおや》」になったのは、彼女が「天皇の祖母」だったからではありません。皇極天皇は、譲位を受けた孝徳天皇の姉で、中大兄皇子の天智天皇にとっても「母」です。「皇祖母」は、「天皇家の家長（祖）である女性（母）」の意味なのです。

では、どうして天皇家の正妻である「后」は、「天皇の血を引いた女性＝天皇家の一族として生まれた女性」でなければならないのでしょうか？　それはおそらく、「天皇の死後に女帝となる可能性があるから」ではありません。なぜかと言えば、最初の女帝である推古天皇の以前から、「天皇の后は、天皇の娘かあるいはそれに類する女性」ということがはっきりしていて、天皇の血を引く男子がいなくなってしまっても、「女帝を立てる」ということが起こってはいないからです。

そうなると、「天皇の后は、天皇の娘かそれに類する女性であらねばならない」という規定は、どうして生まれたのでしょう？　あるいは、どうして定着してしまったのでしょう？「后」と呼ばれる存在で、「天皇家の外」からやって来た一族外の女性は、光明皇后の以前に一人しかいません。半ば伝説の靄《もや》に覆われた仁徳《にんとく》天皇の時代の后、葛城襲津彦《かつらぎのそつひこ》の娘である磐之媛《いわのひめ》だけです。あるいは、「天皇の后は、天皇の娘かそれに類する女性だけ」というのは、磐之媛の後になって生まれた習慣かもしれません。「その時にはあって、その後にはない」ということになると、その可能性大です。

それはともかくとして、「天皇家の外からやって来た女性は后になれない」という考え方は、意外と重要かもしれません。舅《しゅうと》や姑の力が強かった時代には、「外からやって来た嫁は他人」という考え方もありました。その考え方は結構強くて、「離婚」ということになると嫁が追い出され、嫁の生んだ子供だけは夫の方に引き取られるというあり方は、かなり当たり前でもありました。その考え方の名残《なごり》は今でもまだあるでしょう。そして、古代であるのなら、「家の外からやって来た女」という考え方は、今以上に大きいと思えます。というのは、平安時代からその以前は、「男が女の家にやって来て、女の家に居着く」という結婚の形――妻問《つまど》い婚（招婿婚《しょうせいこん》）が一般的だったからです。

「妻」となる女は、「夫たる男の家」の外にいます。二人の間に生まれた子供を育てるのは、「妻の家」の役割です。それが一般的な形であるのに対して、天皇は違います。「妻」となる女の方が、男である「天皇の家」にやって来るのです。「へんな女にやって来られて、この家のあり方を乱されたら困る。その女の父親がへんな口出しをするようになったら困る」という考え方をすれば、「妾《めかけ》はともかく、正式な妻は我が一族の女――さもなければ〝我が一族につながる生まれの女〟でなければならない」ということになってしまうでしょう。「天皇の后は、天皇の娘かそれに類する女性だけ」ということになってしまうのは、こんな理由からではないかと思われるのです。

◎「半ば伝説」の天皇達

系図7は、光明皇后以前に唯一存在したという「天皇家外の后」——磐之媛のいる系図です。と同時にこれは、後継の男子をなくして、皇統が途絶えてしまうまでの系図でもあります。この系図がいつ頃の時代を表すものかと言えば、この系図の一番最後に登場する継体《けいたい》天皇の即位が西暦五〇七年のこととされていますから、それ以前の時代のあり方を表すものです。

この系図に登場する人間達の名前のあらかたは、普通の人間には読めません。一目見ただけで、わけの分からない靄《もや》に襲われたようになって焦点が合わなくなります。でも、その方がいいのです。そうした方が「おおよそのこと」は分かりやすくなります。

ここに登場するのは、応神《おうじん》天皇を祖とする天皇家の流れと、葛城襲津彦を祖とする葛城一族の流れです。その二つが、仁徳天皇と襲津彦の娘の磐之媛の結婚で、まず一つになります。この人名の表記は『日本書紀』のそれで、『日本書紀』は、天皇家の娘には「姫」の字を使い、そうではない一族の娘には「媛」の字を使います。そう思えば、少しは分かりやすくもなるでしょう。

葛城氏は大和の古い豪族で、藤原氏や蘇我氏の以前に「天皇に妻を贈った一族」とされています。ついでに、蘇我馬子の母親は葛城氏の女ではなかったのかという説もあります。なんであれ、葛城氏は古くからある勢力を持つ一族なのですが、どうも「天皇の后を出す一族」ではありません。「天皇の后」と言える存在になったのは磐之媛だけで、そのことは系図7を見れば一目瞭然《いちもくりようぜん》のはずです。〇印のついているのが「后」とされる女性で、それは系図右側の葛城氏の流れとは別のところに存在するからです。

仁徳天皇の妻となった磐之媛は、四人の皇子を生んで、その内の三人は天皇となります。仁徳天皇は、在位が九十年近いという信じにくいほどの長寿の人で、だからこそその皇子達が即位するのも高齢で、在位期間はそんなにも長くなく、次々と兄弟間の相続が起こった結果、「兄弟三人が天皇になる」ということになります。ただ、そうは言っても、一番末の允恭《いんぎよう》天皇の在位は「四十年以上」ということになっているので、この天皇一家の年齢を計算してみようという気はなくなります。もちろん、この時代に「譲位」という習慣はないので、天皇が死ななければ、その代替わりは起こりません。

この半ば伝説の靄に覆われた天皇達は、結構な殺し合いもしているのですが、つまるところは、「まだシステムの構築がしっかり出来ていないから、人のエゴが剝《む》き出しになる」ということでもありましょう。たとえばの話、四人の皇子の内の二番目の住吉仲《すみのえのなかつ》皇子が天皇になれなかった、その「理由」です。

父の仁徳天皇が死んだ後、後継の長男履中《りちゆう》天皇は、即位前に葛城一族の黒媛《くろひめ》を妻にしようとします。黒媛は、母磐之媛の姪で、履中天皇兄弟には従妹となるような存在ですが、記録によればこの時、履中天皇は六十歳を超えています（あまり年齢のことは考えないようにしましょう）。住吉仲皇子は、兄に頼まれその結婚の日取りの相談をしに黒媛のところへ行くのですが、そんなことはせず、兄の名を騙《かた》って黒媛を犯してしまうのです。「ちょっとした出来心」なのかもしれませんが、やがて履中天皇は「事の次第」を知ってしまいます。兄は怒る前に、「黙って黒媛の許を去る」ということをして、兄にバレたことを知った住吉仲皇子は、大事となる前に兄を殺してしまおうと、兵を差し向けます。ここで戦争にでもなると分かりやすいのですが、半ば伝説時代の古代の人間は、「兵を向かわされた」と知ると、逃げてしまうのです。そして、人間不信になってしまうのです。

人間不信となって逃げ出した長兄の許へ、事件の勃発を知った三番目の弟――反正《はんぜい》天皇がやって来ます。でも、履中天皇は反正天皇にも疑いの目を向けて、「お前に敵意がないと言うなら、住吉仲皇子を殺せ」と言います。長兄に「次兄を殺せ」と言われた反正天皇は迷いますが、でも住吉仲皇子を殺してしまいます。それで、「四人の皇子がいて、三人しか天皇になれなかった」ということになるのです。

系図7に登場する天皇達のありようは、このエピソード一つに代表されるようなもので、兄弟同士で争い、連合し、女の取り合いをします。エゴはたやすく剝き出しになって、しかもそ

《系図7　応神天皇朝と葛城氏と皇統の途絶》

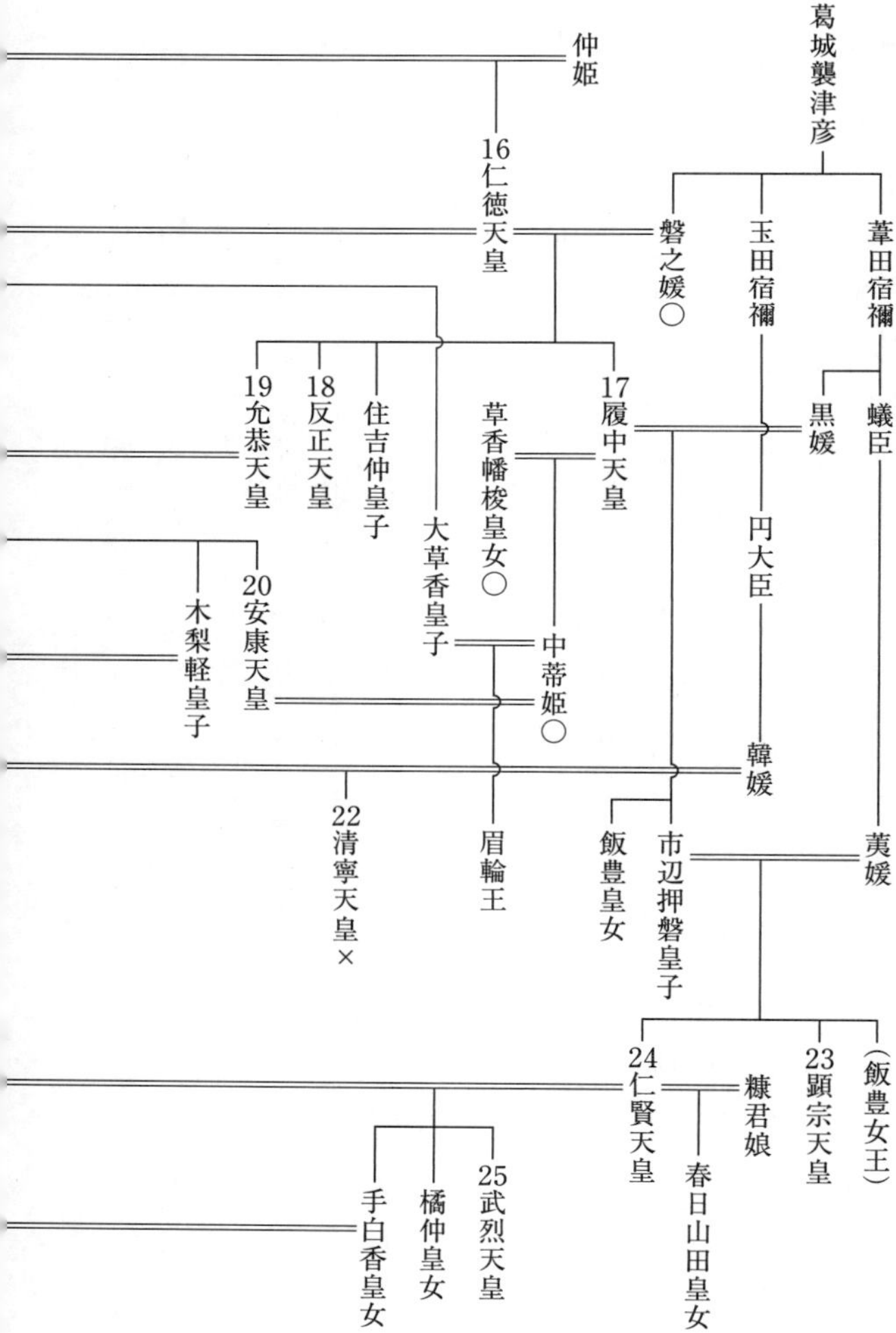

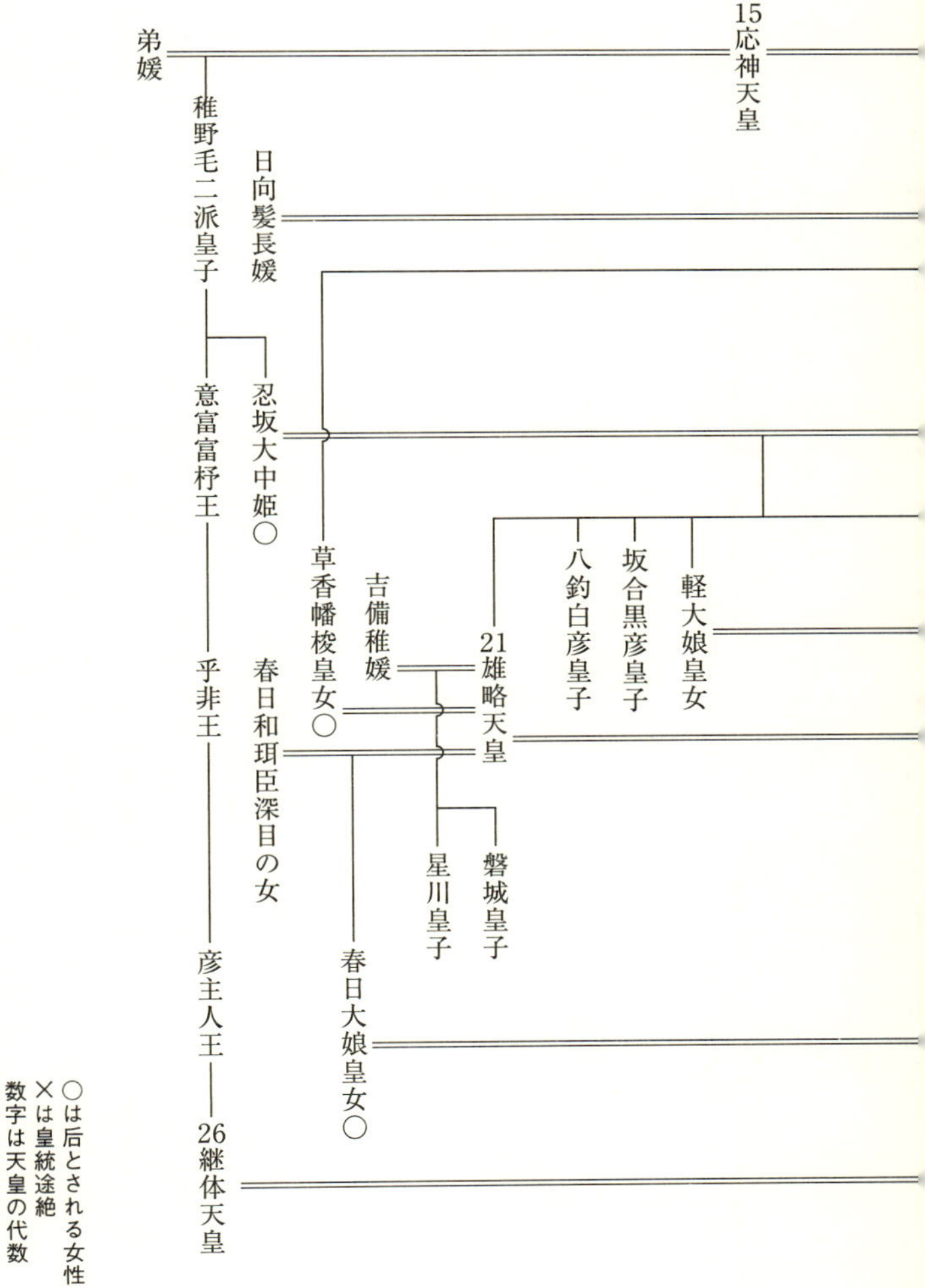
15応神天皇
弟媛
稚野毛二派皇子
日向髪長媛
忍坂大中姫○
意富富杼王
軽大娘皇女
坂合黒彦皇子
八釣白彦皇子
21雄略天皇
吉備稚媛
草香幡梭皇女○
春日和珥臣深目の女
磐城皇子
星川皇子
春日大娘皇女○
乎非王
彦主人王
26継体天皇
○は后とされる女性
×は皇統途絶
数字は天皇の代数

のいるところが「一つの狭い世界」だったりもすることの結果なのでしょう。ただ争うだけではなく、「殺し合う」の中に「逃げる」という要素も入るところが、人間的です。「人間的」である人達が、「閉じた世界」の中にいるのです。その系図が、葛城襲津彦を祖とするものと、応神天皇を祖とするものの二つの流れだけで出来上がっていることを考えれば、「閉じた狭い世界」も納得出来るでしょう。なにしろ、結婚というものさえもが、その閉じた世界の中で行われ、完了しているのですから。

◎外の一族の娘よりも、天皇家内の娘

履中天皇は葛城一族の黒媛を妻に望み、弟の住吉仲皇子に奪われます。この関係は、「二人の男が一人の女を奪い合う」というものに似て、しかし「三角関係」というようなものとは違います。黒媛は、結婚相手の顔さえも知りません。だから、弟に騙《だま》されて犯されるのです。黒媛は「即位間近の皇子から求められるなにか」を持っていたのでしょうが、それが「二人の皇子から求められるような美貌」だったのかどうかは、よく分かりません。おそらく「葛城の黒媛」は、即位間近の皇子から「妻」として求められるようなシンボリックな存在で、だからこそ住吉仲皇子もこれを求めたのだろうと思われます。

葛城一族の黒媛は、四人の皇子を生んで君臨する仁徳天皇の后の磐之媛の姪で、おそらくは

「后に一番近い娘」です。『古事記』に登場する磐之媛は「嫉妬深い」ということが前面に押し出されて「大后」と称されるような存在なので、その后に近い娘は「次の帝の后になるのにふさわしい存在」でもあったはずです。大豪族の葛城氏には、財産もたっぷりあったのでしょうし。

黒媛が履中天皇から妻として求められ、弟の住吉仲皇子に横取りされてしまうのは、おそらく「愛情」とは無縁なもので、「新しい天皇を天皇たらしめるのに必要なもの」に近い存在であったはずです。なぜそんなことを言うのかといえば、住吉仲皇子を殺させた履中天皇は、即位後に彼女を妻としているからです。「悪い弟皇子に騙されて犯された女」であっても、そんなことは一切気にされていない。ここでは「近代的な恋愛心理」などというものは、まったく問題にされないのです。

おそらく黒媛は、「履中天皇の后」と呼ばれてもいいような存在だったはずですが、『日本書紀』は彼女にその称号を与えません。黒媛は履中天皇よりも先に死んで、その後に登場した「どの天皇の娘かは不明」である草香幡梭《くさかのはたび》皇女が、履中天皇の后となります。もしかしたら黒媛は、「后とするにはなにかが足りないような存在」で、それは「結婚前のスキャンダル」によるものではなくて、天皇一族と葛城一族との間に微妙な距離が生まれてしまった結果かもしれません。系図7の○印がついている女性達が葛城一族から離れ、「天皇家の内部」に限られてしまうのが、「履中天皇以後」です。

履中天皇から「住吉仲皇子を殺せ」と言われてそれを実行した三番目の弟の反正天皇は、そのことによって履中天皇の信頼を受け、彼の皇位継承者となりますが、すぐに死んでしまいます。彼には「后」とされる女性はいませんが「夫人《ぶにん》」と書かれる、天皇一族の娘でも葛城氏の娘でもない女性が「妻」として存在します。履中天皇には、葛城の黒媛との間に生まれた市辺押磐《いちのへのおしわ》皇子という男子もいますが、そういうものは問題にされず、皇位は兄弟相続で受け継がれて、末の弟の允恭《いんぎょう》天皇となります。

允恭天皇が「后」とするのは、応神天皇が仁徳天皇の母とは別の女性に生ませた稚野毛二派《わかぬけふたまた》皇子の娘である忍坂大中姫《おしさかのおおなかつ》で、このあたりから、「天皇の后となるのは、別系統の天皇の娘」ということが歴然となって来ます。

允恭天皇は「在位が四十年以上」ということになっているので、その間に「嫡流《ちゃくりゅう》」であってしかるべき、履中天皇と葛城の黒媛の間に生まれた市辺押磐皇子の存在は薄れて、皇位は允恭天皇の皇子達に受け継がれます。

允恭天皇と忍坂大中姫の間には、五人の皇子と四人の皇女が生まれますが、この皇子達が争うのは、允恭天皇の兄達の時代と同じです。一番の年長は木梨軽《きなしのかる》皇子で、彼は父天皇の在世中から皇位継承者と決まっていましたが、人望がなくて逐《お》われます。殺されたとも伊予に流されたとも言いますが、その人望のなさの理由を、『日本書紀』は「乱暴だったから」と言い、『古事記』は「母を同じくする姉妹の軽大娘《かるのおおいらつめ》皇女と近親相関関係にあったから」とします。生母が違えば兄と妹の結婚は問題なしですが、母を同じくする兄妹のそれは、この時代にはタブーなのです。兄弟同士で争い合って、血筋の近い女性を妻とするのが当たり前の時代ですから、木梨軽皇子のあり方は、「ほんのちょっと平均値からはみ出していた」という程度のものかもしれません。

◎葛城一族と天皇家の一族

木梨軽皇子を倒して即位した安康《あんこう》天皇の「后」は、一番年長の伯父であった履中天皇と、草香幡梭皇女の間に生まれた中蒂《なかし》姫です。中蒂姫は、安康天皇の祖父である仁徳天皇が、磐之媛とは違う女——日向髪長媛《ひむかいのかみながひめ》に生ませた履中天皇達の異母兄弟大草香《おおくさか》皇子の妻となっていたのですが、安康天皇の后となります。葛城襲津彦と応神天皇の二人を祖とする二つの流れで出来上がっていた系図7は、今や葛城氏系の流れが無視されて、仁徳天皇の皇子達が形成する二つの流れが中心です。

中蒂姫が安康天皇の妻となった経緯は、安康天皇が、弟でまだ即位前の雄略《ゆうりやく》天皇の妻として、大草香皇子の妹の草香幡梭《くさかはたび》皇女を望んで、大草香皇子はこれを了承したのだけれど、中に立った使いの男が、「皇子はいやだと言ってますよ」と嘘《うそ》をついた結果のことだとされます。怒った安康天皇は大草香皇子を攻めて殺し、弟には幡梭皇女を与え、自分は大草香皇子の妻だった中蒂姫を得てしまう。この時代の結婚の仲介をする男はロクでもないものですが、もしかしたら、その男のついた「嘘」は、安康天皇が言わせたものかもしれません。「朕《わたし》は彼の妻がほしい。〝弟にお前の妹をくれ〟と言って、これを口実にして大草香皇子を殺してしまうことも出来るな」という考え方をしたのかもしれません。この時代の「人間的な人達」は、「襲われると逃げ、そのくせずるい計画をする人」という特質を持ちます。『日本書紀』では、「妹をくれ」と言われた大草香皇子は病の床にあって、「妹は醜いが、私が死ぬと頼る者がない。それをもらってくれるというのはありがたい」と言って了承するのですから、「微妙な裏」だって考えられなくもありません。

この以前に安康天皇は、即位した自分の妻として、伯父の反正天皇の妻を求めているのですが、彼女達は「新天皇は乱暴ですぐに人を殺すからいやだ」と言って拒絶しています。そういう安康天皇には「しかるべき妻」がなく、反正天皇の兄の履中天皇の娘であった中蒂姫は「狙うに格好の女」でもあったはずです。

安康天皇は、「天皇の娘」であるような女性を妻として求めていて、弟の雄略天皇にさえそれを実現させようとしています。どうしてそんなことをしているのかと言えば、彼が自分の地位の「正当性」を微妙に危ぶんでいるからです。まだ世の中には、中蒂姫とは腹違いの兄になる市辺押磐皇子《いちのへのおしわ》という存在もあります。彼はまた、生母黒媛の姪である葛城の荑《はえ》姫を妻として二人の男子を得ていたのですが、即位した安康天皇が、その在位の三年目に死ぬと、後継の弟雄略天皇によって殺されてしまいます。

　兄弟相続の末に即位した允恭天皇の子である安康天皇としては、「嫡子相続」で行けば最も正統な皇位継承候補者となる市辺押磐皇子がうっとうしかったでしょう。だから、葛城氏に庇護される立場にあるその皇子に対して、「自分には天皇家の娘が妻としてある。だから正統なのだ」ということを示したかったのではないか、とも思われるのです。その願望がある上に「乱暴」だったとしたら、「大草香皇子を殺してその妻を手に入れる理由」は、きっとほしいでしょう。中蒂姫には、「市辺押磐皇子の妹」という性格があって、これが「安康天皇に正統な天皇の位置を保証する」という意味を持っていたのかもしれないのです。

　安康天皇のやったことが「フェアではない」ということは、知る人には知るところで、「突っつけば彼を倒すことも出来る」というところはあります。それで安康天皇は、即位の三年後に殺されるのです。彼の死は、「殺人事件」で、その犯人は、彼に殺された大草香皇子と中蒂姫の間に生まれていた眉輪《まよわ》王です。

　安康天皇は酒に酔って、后＝中蒂姫の膝《ひざ》を枕にして寝てしまう――「そこを眉輪王に刺された」と言われていますが。眉輪王がいくつかは分かりませんが、まだ「幼い」と言われるような年頃で、だからこそ「彼をそそのかした共犯者」の存在も疑われます。それで、兄天皇が殺されたことを知った弟の雄略天皇は、母を同じくする兄弟の八釣白彦《やつりのしろひこ》皇子を尋問して、彼が黙っているのを見て斬《き》り殺してしまいます。母を同じくするもう一人の兄弟の坂合黒彦《さかいのくろひこ》皇子は、「これは危い」と思って眉輪王を連れ、当時の葛城一族を束ねていたと覚《おぼ》しい円《つぶらのおおおみ》大臣の邸へ避難します。おそらくは「隠然たる勢力を保ったまま」であったはずの葛城氏と、天皇一族はこうして再び接触します。

即位前の雄略天皇は、兵を率いて「二人を渡せ」と円大臣の邸に迫りますが、円大臣は「臣下の家を頼って来た皇統の人を渡すわけにはいかない」と言って拒みます。安康天皇殺人事件の背後に円大臣がいたというよりも、「葛城の円大臣は、天皇家内部のゴタゴタとは距離を置いたところにいた有力者」というようなものでしょう。しかし、雄略天皇は円大臣の言うことを聞かず、円大臣は「娘の韓《から》媛と葛城の家を七つ差し上げるから納得して下さい」と言うのですが、その交渉は当然決裂して、邸に火を放たれた円大臣は、眉輪王や坂合黒彦皇子と共に焼死します。履中天皇と葛城の黒媛との間に生まれた市辺押磐皇子が雄略天皇に殺されてしまうのは、この二月後です。

生前の安康天皇には、市辺押磐皇子を皇位継承者にしようとする意向もあったらしく、雄略天皇としては、そんな皇子を無事に生かしておくことも出来ません。「事のついで」でこれを殺し、葛城氏が勢力を持った時代にもピリオドが打たれます。円大臣が「差し上げる」と言った韓媛は雄略天皇の妻になりますが、彼女はもう「葛城氏を滅ぼすことによって得た戦利品」のようなものです。彼女は雄略天皇の后にはならず、彼女の生んだ清寧《せいねい》天皇が次代の天皇となっても、もう「葛城氏の時代」ではないのです。

◎側近官僚の時代

葛城氏はおそらく、「后を出す一族」ではありません。「その有力さで、娘が一度だけ后になったことがある一族」と言うべきでしょう。磐之媛は、四人の皇子を生んで、押しも押されもせぬ存在になった。葛城氏は、「襲津彦の娘の夫となった天皇の有力なスポンサー」というところでしょう。でも、その財産を雄略天皇に奪われてしまえば、もうたいしたことはありません。「婚姻関係によって天皇に近かった有力な一族」の時代は終わって、同じ大和の豪族であっても、「天皇の側近官僚」とも言うべき人達の時代がやって来ます。その初めは大伴《おおとも》氏で、次いでは、蘇我馬子と戦って敗れた物部《もののべ》氏の時代です。

大伴氏は「天皇を擁立する有力な豪族」になりますが、「天皇に娘を贈る」ということはしません。大伴氏の没落は、政権の中枢にあったこの一族の長が、「外交問題の失敗」をしでかしたからです——外交というのは、朝鮮半島での日本領の経営ですが。

物部氏もまた、「天皇に娘を贈る」ということをしません。大伴、物部と、言ってみれば「実務官僚の時代」が続くのですが、その間、天皇の后となる女性達はどこから出ていたのかと言うと、「天皇家の一族から」です。

雄略天皇の妻となった葛城の韓媛は皇子を生みますが、その皇子は生まれた時から髪が真っ白で、体も弱かったのでしょう、後継の男子は持たず、妻さえも持たず、雄略天皇の後を継いで即位をしますが、二十歳になる前に死んでしまいます。それが清寧天皇です。

雄略天皇の后となった大草香皇子の妹である幡梭《はたび》皇女には、子供がありません。雄略天皇には、吉備稚媛《きびのわかひめ》という女性との間に二人の男子がありましたが、雄略天皇が死ぬと弟の星川《ほしかわ》皇子は母親にそそのかされて謀叛を計画し、バレて殺されてしまいます。雄略天皇は、どうもそうなりそうな気配を察知していて、長男の清寧天皇の即位を望んで死んでいます。星川皇子の謀叛というか、皇位簒奪《さんだつ》計画の裏には、母の稚媛の出身地である吉備（岡山県と広島県方面）の豪族の中央進出計画のようなものがあったらしく、星川皇子の誅殺《ちゅうさつ》には「内乱の一歩手前」という様相もありました。そういう事態を収拾して清寧天皇を守ったのが大伴室屋《むろや》で、ここら辺から「大伴氏の時代」へと向かって行きます。

星川皇子の事件には「吉備勢力との衝突」という一面もありますから、星川皇子の兄の磐城《いわき》皇子が「善なる人」であっても、とても皇位継承は望めません。後継者がないまま、清寧天皇で皇統が絶えようとしますが、雄略天皇に殺された市辺押磐皇子の幼い忘れ形見の二人が逃亡先の明石にいたところを発見され、皇位継承者となります。これで、履中天皇から兄弟相続で続いてきた皇統は絶えて、履中天皇の子孫の系譜が始まります――始まってもすぐに終わってしまいますが。

天皇に妻を贈らない実務派の官僚系豪族が力を持つというのはこうした事情が影響していて、天皇がすぐ死んで後継者探しが必要になるから、その后探しは後回しとなり、しかも、その天皇は中枢から離れたところにいたためにアマチュアで、であればこそ「天皇の娘との結婚」という、内部紐帯《じゅうたい》――あるいは正統性の確保が必要となるのです。

この頃の日本には、「皇位継承権を持つ男子がいなくなったら女帝を立てる」という発想がありません。この後の日本にもその発想はありませんが、その代わりに「天皇と血筋の遠い新天皇を立てる時には、死んだ天皇の皇女を妻にする」という考え方があります。おそらく、「天皇の后は天皇家の娘だけ」という発想は、履中天皇の後の兄弟相続の時代と、その後の「皇位継承権を持つ男子の一時的消滅」によって生まれたものでしょう。

◎その皇統が途絶えたら――

清寧天皇の後を継いだ市辺押磐皇子の二人の忘れ形見、顕宗《けんそう》天皇と仁賢《にんけん》天皇は不思議な兄弟です。兄弟で互いに譲り合った結果、先に即位をするのは、弟の顕宗天皇で、しかも二人が譲り合って天皇の座が空になっている間、彼等の伯母か叔母、あるいは「姉」という伝えもある飯豊《いいどよ》皇女（飯豊女王）が代わって執政者になったと言います。これが本当なら「女帝の時代のはしり」でもありますが、飯豊皇女は半年ばかりで死んでしまうので、顕宗天皇の即位となります。

顕宗天皇は子がないまま世を去り、兄の仁賢天皇が即位します。仁賢天皇はその以前に、雄略天皇の娘である春日大娘《かすがのおおいらつめ》皇女を妻にしていて、彼女が后として立ちます。しかし、彼女は女子を六人も生みますが、男子は一人しか生みません。もう一人の仁賢天皇の妻である糠君《ぬかきみの》娘《いらつめ》も女子しか生まず、早くも仁賢天皇には皇統断絶の危機が訪れます。仁賢天皇のただ一人の男子である武烈《ぶれつ》天皇は、どこか性格に問題があったらしく、「暴虐」と言われた行為を続けて子供を持たぬまま早死をし、皇統は断絶してしまいます。

死んだ仁賢天皇に女子は何人もいますが、男子は一人しかいません。「後継の男子がいなくなったら女子を後継者とする」という発想のない男達は、「天皇の血筋を伝える男」を探し始めて、そして登場するのが継体《けいたい》天皇です。

継体天皇は、仁徳天皇の系統とは母を異にする応神《おうじん》天皇の皇子――稚野毛二派《わかぬけふたまた》皇子の曾孫の子で、大和を離れた越前の国にいました。連れて来たのは、清寧天皇の即位前に起きた星川皇子の謀叛事件を鎮定した大伴室屋の孫――大伴金村《かなむら》です。大伴一族のリーダーとなっている大伴金村は、継体天皇を擁立したいと思い、そのことによって自分の立場――つまり勢力を確固とさせたいと思います。それはある意味で当然ですが、だからこそ、一度は継体天皇の即位を了承した大和《やまと》の豪族達は、「ちょっと待て」と、態度を保留させます。つまり、「そんな得体の知れない、血筋の遠い男を、天皇として即位させていいのか?」です。だから、越前から大和へ向かっていた継体天皇は、河内の地で足止めをされて、大和へは入れないのです。

継体天皇は河内《かわち》で即位し、そこに大和から、継体天皇を「天皇として認めるための条件」が伝えられます。それは、「仁賢天皇とその后である春日大娘皇女との間に生まれた手白香《たしらか》皇女を后として迎え、そこに生まれた皇子を皇位継承者とする」というものです。大伴金村がその条件を提示して、継体天皇はこれを了承しますが、それであってもまだ問題は解決しません。継体天皇は即位の二十年目になるまで、大和の地に入れないのです。

俗な言い方をすれば、継体天皇は「入り婿の天皇」です。そして当時に、まだ「都」というものはありません。天皇の住む家を「宮」として、天皇の即位のたびにその「宮」は大和の地内でいろいろに遷《うつ》ります。大和の地内で遷るのは、天皇がそこの出身者だからです。だから、越前からやって来た継体天皇も、大和に入って「宮」を構えればいいのですが、継体天皇の「宮」は、河内か山城という、大和の外側です。継体天皇は手白香皇女と結婚して「后」とし、その二年後に手白香皇女は後の欽明《きんめい》天皇を生みます。状況は既に系図8の段階に入っているのですが、当時はまだ「幼帝」などというものを認めていません。「正嫡《せいちゃく》の皇子」は生まれても、彼が成長して一人前以上にならなければ話になりません。だから「入り婿の天皇」は、不思議な形で放置されるのです。

◎入り婿の天皇と正嫡の皇子

越前からやって来た時、継体天皇は既に「老年」に近い年です。彼には目子媛《めのこひめ》という古くからの妻があって、壮年の皇子が二人もいます。「入り婿の天皇」とは、つまるところ「中継ぎの天皇」ですが、「譲位」という習慣のない時代には、継体天皇が「中継ぎ」になるかどうかは分かりません。欽明天皇の成長前に継体天皇が死んでしまえば、「新たな中継ぎの天皇」を求めなければなりません。新しく生まれる皇子が一人前になるためには二十年以上がかかります。その間、継体天皇が無事であれば、その下で「父の後継者」として存在している大人の皇子は、それなり以上の支持や勢力を獲得してしまいます。十分に長い期間継体天皇が天皇としてあった後に死亡すれば、その後になんらかの「争い」が起こることは、目に見えています。なにか「揉め事」に近いことがあったのは確かです。継体天皇の死亡年には二説があって、『日本書紀』の編纂者でさえ、「死亡年がいつだったかは、後の人間の判断に任せるしかない」と言っています。継体天皇の死亡年には二年のずれがあって、目子媛から生まれた長男は、「臨終の継体天皇から譲位を受けた」ということになっているので、その長男――安閑《あんかん》天皇の即位年にも、このずれが適用されます。考えられることは、「継体天皇が死んだ時に、手白香皇女から生まれた欽明天皇擁立派と安閑天皇擁立派の間で争いが起こった」ということです。ただこれは推測で、争いが起こったとしても、それは和解にいたって、まず安閑天皇が即位し、在位わずかで死亡した後、母を同じくする弟の宣化《せんか》天皇の即位ということになるようです。

宣化天皇も即位の四年後に死亡して、その後は大和の人間が「正嫡」と考える欽明天皇の時代になるので、「なにかはあったかもしれないが、まァ不問に付しておこう」ということになるのかもしれませんが、そこに「争い」と「和解」があったとして、その「和解」はどのようなものだったのかということです。それはおそらく、系図8を見れば、簡単に分かるようなことです。

越前からやって来た継体天皇は、その即位の正統性を表明するために、仁賢天皇の后から生まれた手白香皇女を妻にしました。そして、その結婚時期は不明ですが、越前生まれの二人の皇子、安閑天皇も宣化天皇も、仁賢天皇の皇女を妻にしています。二人の天皇の「后」とされるのはこの二人の皇女で、継体、安閑、宣化の天皇父子は、同じ仁賢天皇の皇女を「后」としています。幸いなことに、そこに生まれた男子が欽明天皇だけだったから、越前系の天皇から欽明天皇への移行はスムースに行ったのでしょうが、即位した欽明天皇の「后」となるのは、宣化天皇とその「后」となった橘仲皇女《たちばなのなかつ》との間に生まれた石姫《いしひめ》皇女です。系図だけ見れば、「なんだってこんなにしつこい婚姻関係を結ばなければならないのか」とも思いますが、「先代の天皇の娘との結婚」が、即位する天皇の正統性を保証するものだと理解すれば、この結婚の意味も分かるはずです。

天皇の娘は「天皇の血筋を伝える存在」で、だからこそ、「即位する天皇の皇位継承者としての正統性」を保証するのです。

安閑天皇や宣化天皇が仁賢天皇の皇女と結婚しなかったら、その即位は「かなり問題のあるもの」になっていたでしょう。そして、手白香皇女から生まれて、大和の豪族達にとっては「正嫡」と見なされていた欽明天皇が宣化天皇の皇女を妻としたのは、「宣化天皇の後継者は欽明天皇であり、宣化天皇は欽明天皇の即位を促すものである」という、暗黙の了解事項があったからだろうとしか考えられません。だからこそ、越前系の天皇と欽明天皇の間の「和解」は成り立ったのです。

《系図8 継体天皇と正統なる天皇の系譜》

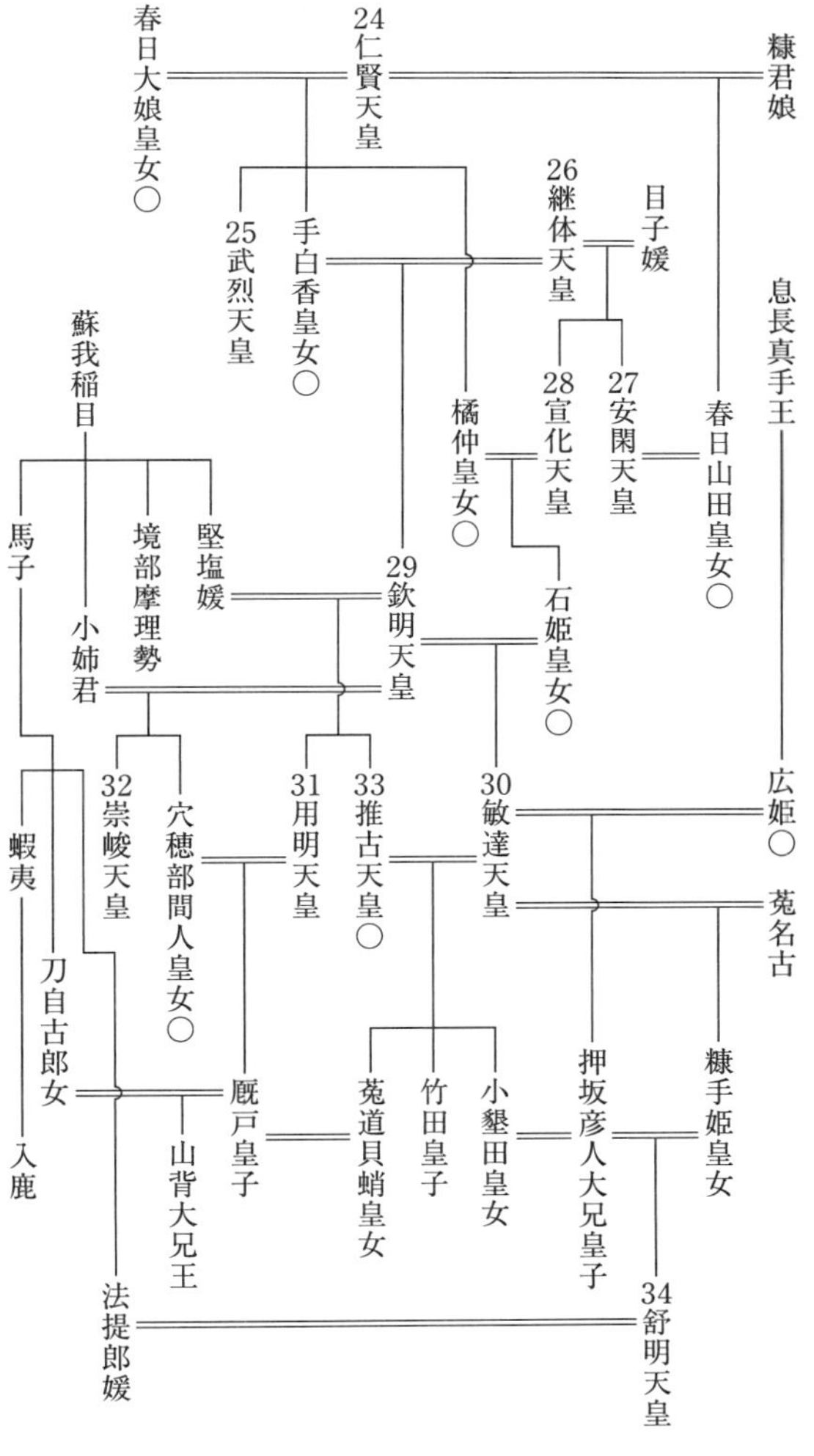

○は后とされる女性
数字は天皇の代数

橘仲皇女と宣化天皇の間に生まれ、欽明天皇の「后」となった石姫皇女は、「后」としては完璧な要素を備えた皇女です。彼女は、途絶した仁賢天皇の血筋と、「中継ぎ」として存在した継体天皇の血筋の両方を備え、母の姉の手白香皇女から生まれた欽明天皇に、二つの血筋の和解と、「問題のない皇位継承」を伝えるものだからです。

欽明天皇は、蘇我稲目《そがのいなめ》の二人の娘——堅塩媛《きたしひめ》と小姉君《おあねぎみ》を妻として、後の「蘇我系王朝」と言われるものの元を開くことになる（とされる）天皇ですが、欽明天皇にとって最も重要なのは、「后」となった石姫皇女で、だからこそ彼女から生まれた敏達《びだつ》天皇が、「最も正統な血筋を伝える天皇」となるのです。

このことは、今や「忘れられた事実」になっていますが、当時としては「最も重要な事実」であったはずです。だから、蘇我馬子に擁立され、「蘇我氏の天下」を実現するために即位したと思われている推古《すいこ》天皇も、その最期の時において、蘇我氏の血を引く厩戸皇子の嫡男山背大兄王を、皇位継承者には指名しないのです。

◎どうして推古天皇は「厩戸皇子の子」を推さなかったのか?

最初の女帝である推古天皇の死後、舒明《じょめい》天皇を推す一派と山背大兄王を推す一派との間で争いがあったことは、既に第一章で言いました。山背大兄王を推す叔父の境部摩理勢《さかいべのまりせ》を、蘇我氏のリーダーとなっていた蝦夷《えみし》が攻めて殺してしまう事件です。これは「蘇我氏内部の争い」のように思えますが、本当の原因は、死んで行く推古天皇が「皇位継承者を誰にするか」を明言しなかったことにあります。

臨終間際の推古天皇は、二人の皇位継承候補者――まだ「田村皇子」と言われていた舒明天皇と、山背大兄王を呼んで、それぞれに遺言をします。どちらに対しても、「軽々しく〝自分は皇位継承者だ〟などと言ってはならない」と言う点では同じですが、微妙なところで違います。田村皇子に言うことは、「国政を与えることは簡単なことではない。もっと敬虔《けいけん》になれ」で、山背大兄王に対しては、「あなたは未熟である。群臣達の言うことに従え」です。

「あなたが皇位継承者だ」という断言をしなかった推古天皇は、その前に「天皇としてあることはとても大変なことだ」と、自分自身の経験を踏まえた説諭《せつゆ》をしているのですが、「どちらを後継者にしたいか」という彼女の意思は、曖昧ながらも明らかです。田村皇子に対しては「もっと勉強しなさい」で、山背大兄王に対しては「人の言うことに従え――臣下達があなたを推さなかったらそのことを了承しろ」なのですから。

即位した推古天皇の下で厩戸皇子が「皇位継承者」として存在していたのは、間違いがないでしょう。だから、後の人は彼のことを「聖徳太子」と呼びます。「太子」とは皇位継承者の別名です。もしも厩戸皇子が先に死ななかったら、推古天皇は厩戸皇子の即位を当然として死んで行ったでしょう。敏達天皇と推古天皇の間に生まれた菟道貝蛸皇女《うじのかいたこ》は、厩戸皇子の妻となっています。厩戸皇子とこの皇女の間に子があったかどうかは定かではありませんが、蘇我馬子の娘——蝦夷とは母を同じくする妹の刀自古郎女《とじこのいらつめ》は、厩戸皇子の妻となって山背大兄王を生んでいます。厩戸皇子の後継者となるこの王に、推古天皇としては天皇位を譲りたくもあったでしょう。しかし、その後に母方の従兄弟である蘇我入鹿に殺されてしまう山背大兄王には、「傲慢《ごうまん》」という欠陥がありました。

蘇我氏の血を引いているにしろ、推古天皇は「天皇家の娘」で、在位三十六年の長きにわたる「実質を持った天皇」です。その彼女のあり方は、田村皇子や山背大兄王を呼び出して伝えた遺言によって明らかです。「国を統治する」という役割の重大さをまず第一に考える推古天皇は、山背大兄王を軽々しく後継に指名出来ないのです。そこのところが後の女帝達とは違うところですが、そう思って迷うところに浮上するのが、舒明天皇となる田村皇子です。

田村皇子は、敏達天皇と推古天皇の前の后——広姫《ひろひめ》との間に生まれた押坂彦人大兄《おしさかのひこひとのおおえ》皇子の嫡男です。この大兄皇子が、推古天皇即位前に皇位継承候補者として考えられなかった影の薄さ、あるいは、推古天皇の即位には、この皇子を皇位継承候補者から排除しようとする一面があったのではないかということは、既に第一章で言った通りです。しかし、「その以前からの流れ」を考えてみれば、押坂彦人大兄皇子は、紛れもなく「皇位継承候補の本命」で、その子の田村皇子は、「天皇家の本流」とも言うべき存在なのです。

◎「本流」という考えが生きていた時代

田村皇子である舒明天皇の母親は、彦人大兄皇子とは腹違いの姉妹である糠手《ぬかで》姫皇女です。彼女の母親の菟名古《うなこ》は、伊勢出身の采女《うねめ》ですが、天皇の嫡男である「大兄」と、同じ天皇の娘である皇女から生まれた皇子が最も皇位継承候補者に近いというのは、当時の常識であり、父天皇がそのような結婚を皇子に許したということは、その皇子の系統が最も正統な皇位継承者であってしかるべしということを、天皇が希望したということでもあります。

押坂彦人大兄皇子の母であり、推古天皇が登場する以前に敏達天皇の后だった広姫は、息《おき》長真手王《ながのまて》という男の娘です。「王」の一字を持つことから、彼が「いずれかの天皇の後裔」であることは確かですが、それ以上のことは分かりません。彼は、越前からやって来た継体天皇に娘を贈っていたこともあって、「息長」が近江の地名でもあることから、「長い間大和に入れずにいた継体天皇と近い一族の人間でもあるのかな」と思うのですが、その程度のことしか分かりません。

広姫が死んで、推古天皇が新しい后となるまで、敏達天皇の後宮はそう賑《にぎ》やかなものではありませんでした。その中では「王の娘」である広姫が「一番天皇家に近い娘」で、だからこそ

「后」になれたと考えるしかないのですが、推古天皇を后にしたからと言って——敏達天皇が推古天皇を愛していたからと言って（推古天皇との間には七人の子がいます）、それがそのまま「蘇我氏への厚遇」につながるかどうかは、微妙なところです。

敏達天皇やその父の欽明天皇の時代は、百済《くだら》を通して日本に仏教が伝わって来る時代です。蘇我氏はもちろん崇仏派で、大勢力の物部氏は排仏派。その中で天皇は、明確に態度を表明しません。「仏教が入って来たおかげで疫病が流行したのです」と物部氏に言われれば、「そうか」で廃仏を認めてしまいます。

敏達天皇の死因は、当時流行した疫病で、これは「仏像を焼いた罰だ」とも言われました。廃仏で焼かれるのは蘇我馬子の寺でもあるので、当然、馬子もまた病気になります。それで馬子は、「病気を治すためには仏教の信仰が必要です」と天皇に訴え、敏達天皇は、「お前一人だけなら」という条件を付けて許します。その結果、仏教を崇拝した蘇我馬子の病は治り、馬子の信仰を認めるだけで、自身は仏教に帰依《きえ》しなかった敏達天皇は死んでしまいます。敏達天皇の死後も同じ病気は広がり、用明天皇になってようやく「仏教に帰依する」ということになりますが、敏達天皇死後の政争——物部氏の敗北の裏には、「疫病の流行と、これを治療するための仏教を容認するか否か」という問題も横たわっていたのです。

仏教容認に積極的ではない敏達天皇としては、推古天皇の叔父でもある蘇我馬子と接近して、周囲に余分な波風を立てたくないでしょう。また、そうであればこそ、敏達天皇とその弟の用明天皇の死後には、蘇我馬子も慌ただしく、しかも精力的に動き回る必要があったのです。

しかし、そういう時代は、もう過去のものです。仏教の推進者であった厩戸皇子も死に、蘇我馬子も死んで、即位した推古天皇は、今や「天皇家のあり方を守る女帝」です。そうなった時、「皇位継承がいずれへ向かうのが正しいか」という考え方を、当然するでしょう。

推古天皇の即位によって、押坂彦人大兄皇子の即位はなくなりました。そして彼は死にましたが、推古天皇は、彼が「有力な皇位継承候補者」であったことを理解していました。だからこそ、敏達天皇との間に生まれた菟道貝蛸皇女を厩戸皇子の妻とする一方、もう一人の敏達天皇との間に生まれた娘——小墾田《おはりた》皇女を押坂彦人大兄皇子の妻ともしています。推古天皇には竹田皇子という息子もありましたが、彼は蘇我対物部の戦いに蘇我側の一人として参戦し、死んでしまいます。女帝となった推古天皇にとって、「結局、子供はなかったも同然」になって、その死を前にした時、「皇位はそもそもの本流に戻して、いささか頼りなくはあるけれど、押坂彦人大兄皇子の嫡男に伝えるしかないのかな」ということになるのです。

父の馬子に代わって御世第一の権力者となった蘇我蝦夷も、これを認めるしかありません。自分とは母を同じくする妹の刀自古郎女は、山背大兄王の母となっています。母の違うもう一人の妹——法提郎媛《ほてのいらつめ》は田村皇子の妻の一人です。田村皇子には、既に後の皇極天皇である宝《たから》皇女が妻としているわけで、どちらが格上の妻かということになったらはっきりしています。宝皇女は、田村皇子の姪に当たる「天皇家一族の女性」なのです。

「田村皇子の方がおとなしいから、わがままでもある〝甥〟の山背大兄王よりは扱いやすいだろう」という計算も、蘇我蝦夷にはあったでしょう。しかし結局のところ、蘇我蝦夷は「天皇家の本流である天皇を擁立する」という結論にいたったのです。

「蘇我家の王朝」なるものは、敏達天皇死後の兄弟相続による「枝葉」で、天皇家の本流は、「敏達天皇→押坂彦人大兄皇子→田村皇子＝舒明天皇」という父子相続の流れだった」ということです。蘇我蝦夷の納得はこのような考え方によるもので、「兄弟相続によって皇子達が争い、そのことによって皇族が途絶える」という結果にいたってしまった「葛城氏の時代」を思えば、蝦夷の考え方は正しくもあったということでしょう。少なくとも蝦夷の段階で、蘇我氏は「天皇に妻を贈る一族」ではなくなって、「官僚としての実力で天皇に仕える強大な一族」となっていたのです。

◎弟から「天皇のあり方」を学ぶ前女帝

蘇我氏にとっては扱いやすい舒明天皇を擁立して、蘇我氏の勢威は動きませんでした。だから、舒明天皇の死後においても、蘇我蝦夷は、蘇我氏とは縁のない舒明天皇の后――皇極《こうぎょく》天皇を女帝として立てました。皇極天皇が「傀儡性の強い天皇」であったことは、既に何度も言いました。その女帝の下で、蘇我蝦夷は、自身の権力のシンボルである「大臣《おおおみ》の冠」を、息子の入鹿に私的に授けます――つまり、公権力の私物化です。

入鹿は図に乗って、「一族の邪魔者」である山背大兄王を倒します。入鹿にとって、皇極天皇は「傀儡の天皇」でしかなく、皇極天皇の後は、一族の叔母、法提郎媛の生んだ舒明天皇の皇子――古人大兄皇子を立て、権力の独占を図るつもりだったのでしょうが、「伏兵」とも言うべき皇極天皇の皇子、中大兄《なかのおおえ》皇子によって倒されて終わります。

皇極天皇は、「譲位」というかつてない手段によって、弟の孝徳天皇へつなげ、自身は「皇《すめ》祖母《みおや》」と崇められる存在となります。そしてすごいのは、その先のことです。孝徳天皇の死後に重祚《ちょうそ》して「斉明天皇」となった皇極前天皇が、一族を率いて自ら九州にまで戦争のため向かって行ったという話は既にしましたが、どうしてそのような「恐れを知らない強大なる女帝」へと変わったのでしょうか?

その理由は、彼女の譲位を受けて即位をした弟――孝徳天皇のあり方にあります。

孝徳天皇は、当時としては珍しい、進歩的なインテリの天皇です。ただしその上に「エゴイスト」という要素が付きます。「孝徳天皇の陰謀」に関しては既に語ったところですが、進歩的な孝徳天皇は、当時としては先進的な「中国の皇帝風の天皇」になりたがったのです。元々そういう性格を隠し持っていた孝徳天皇は、天皇となって歴然と「独裁的」になるのです。当時の天皇の最大の仕事は、日本中にあまねく存在している「神」を祀《まつ》ることです。だからこそ、政治のことを「まつりごと＝祭事」というのです。ところが、先進的で実務優先の孝徳天皇は、そんなことよりまず「旧政治の改革路線」を突っ走るのです。

皇極天皇の譲位によって突然の王位継承者となってしまった孝徳天皇は、言ってみればそれまで「無名の存在」です。だからこそ、手下の男を使って、中大兄皇子の妻となることになっていた蘇我一族の娘を盗ませたりもするのです。そういう天皇が突然の「改革路線」を主張するから、朝廷に仕える「古い男達」はとまどうのです。孝徳天皇が、中大兄皇子の妻の父である蘇我倉山田石川麻呂《そがのくらのやまだのいしかわまろ》をさっさと葬ってしまうのも、そういう対立要素がからんでいるはずです。

孝徳天皇は、自身の本拠となる「宮」を飛鳥から難波《なにわ》へと遷します。当時の難波は、江戸時代的に言えば「出島のある長崎」です。瀬戸内海の起点となる難波は、瀬戸内海を通って関門海峡を抜ければ、中国や朝鮮とつながる、先進文化の窓口となる場所だったのです。そこに宮を造った孝徳天皇は、皇極天皇の一族と共に飛鳥を離れます。「大化」という年号を初めて使い、「白雉《はくち》」という年号を続けて使った天皇――中国風に年号を導入したのも、この天皇が初めてです。その年号制度も、孝徳天皇の死によって行われなくなりますから、そのことによっても、孝徳天皇の不人気、あるいは反感は明らかです。

結構な時間をかけて、難波の地に（おそらくはとても豪華な）長柄豊碕宮《ながらのとよさきのみや》は完成し、その翌年には第一回の遣唐使もここから出発して行きますが、やがて皇極天皇一家との不和が起こって、「皇祖母」の皇極天皇と中大兄皇子の妹の間人《はしひと》皇女達は、みんな飛鳥に戻ってしまいます。『日本書紀』は、その不和の原因を明らかにせず、「中大兄皇子と孝徳天皇の不和」のようにしていますが、最大の不満を見せた震源は、孝徳天皇の姉の皇極天皇でしょう。「孝徳天皇のエゴイスティックな独断は難波の宮でますます強くなり、それをおもしろくないと思った姉の前天皇は〝こんなところにはいられないわ〟と言って、子供達を引き連れて去って行った」というところではないかと、私は推測します。どうしてそんなことを言うのかと言えば、その後になって六十歳を過ぎた皇極前天皇が重祚をしてしまうからです。長男の中大兄皇子はもう三十歳です。彼が即位をしたっていいのです。でも、母親が「もう一度天皇をやる」と決断してしまいます。

その理由は「朕《わたし》は天皇というものがどういうことをするものなのか、よく分からなかった。でも弟のしていることを見ている内に、天皇がどういうものなのかよく分かった。だから朕は、もう一度天皇になりたいと思う」であったはずです。

舒明天皇の后としてあった皇極天皇は、ある意味で「アマチュアの天皇」で、だからこそ

「蘇我氏の傀儡」のようにもなってしまった。でも、弟のやり方を見ていて、天皇というものが「非常に強い独裁者」でもあることを、理解したのです。難波の宮で起こった不和は、皇極天皇の「嫉妬」であろうと、私は推測するのです。だから、飛鳥に戻って再び天皇となった彼女は、「強大で民衆から文句を言われるような天皇」になるのです。

◎天皇を「絶対の権力者」にした最初の天皇

何年か前、飛鳥の地では「巨大な石の建造物」が発掘されました。それまで飛鳥に点在して「謎の石造物」と言われていた、猿石、亀石、あるいは酒船石《さかふねいし》と言われていたものが、実は一つにつながった巨大な公園状のものの一部だったということが、その発掘によって分かったのですが、これは重祚した皇極天皇＝斉明天皇によって造られたものです。

実は『日本書紀』には、斉明天皇が山から巨石を切り出させて大土木工事をしていたという記述があるのです。しかも、これを民衆が「狂気の沙汰《さた》だ」と非難していたということも、その遺蹟あるいは遺構は、発見されないままに埋もれていました。それで、「実質的な力のない女帝がそんなことをするはずがない。『日本書紀』のフィクション記事じゃないのか？」と、思う人には思われていたのです。

しかし、それは実在していました。そうなると話は違います。「巨大な建造物を造って民衆を苦しめる」というのは、独裁者の圧制の象徴のようなもので、日本ではあまり聞かない話でもありましたが、それをした巨大な権力者は、ちゃんといたのです。つまり、日本で最初の「民衆を嘆かせるほどの巨大な力を持った権力者」というのは、女性だったのです。

皇極天皇がなぜそうなれたのかということに関しては、もう多言を要する必要はないでしょう。それを皇極＝斉明天皇は、弟の孝徳天皇のやり方を見てマスターしたのです。孝徳天皇は、難波の宮で「孤独な権力者」として死んでいきますが、それを見習った斉明天皇は、「天智、天武、持統、文武、元明、元正、聖武……」と続いて行く、偉大なる皇統の祖となるのです。つまり「天皇」を「権力者」として位置付けることに成功した天皇は、この皇極＝斉明天皇だったということです。

◎「天皇だったことがある女性」の強大さ

「天皇の娘」である皇女には、「天皇を正統な天皇たらしめる力」がありました。そのように思われていたからこそ、天皇の「后」は、「天皇の娘」か「天皇家一族の娘」に限定されていたのです。そのような扱いを受けていたからこそ、皇女には「独特の力」があったのです。だからこそ、「天皇の后」となり、「天皇の後継の天皇」ともなれたのです。

しかし、舒明天皇の妻となった皇極天皇＝宝皇女は、正確には「天皇の娘」ではありません。

「天皇の曾孫」です。だからこそ、夫の後を継いで天皇になっても、なんなとなく影が薄かったのです。しかし、その彼女が改めて天皇になり直すと、強大無比な天皇となります。なにしろ、「息子やその嫁」を率いて船団を仕立て、対中国相手の戦争に出掛けて行くのです。その自信はどこから生まれたのかと言えば、「かつて彼女が天皇であったこと」から生まれたはずです。

彼女の前には、「かつて天皇であった人間」などというものがいません。だからこそ、「その意味」がなかなか理解出来なくても、仕方がありません。ただ「皇祖母」としておとなしやかに崇められている——そうする内に彼女は気がつくのです。「難波に宮を造って、なにがえらい。唯一絶対の天皇のような顔をして、なにがえらい。私は、お前を天皇にしてやった、〝かつて天皇だった女〟なのだ」と。

皇女というものが独特な力を持っていて、しかもそこに「天皇としての強大さ」まで備えられました。彼女の孫の持統天皇が「揺るぎない力」を持つようになるのは、不思議のないことです。

「女」の上に「皇」の一字が付いたら、それはもう特別な存在なのです。ただでさえ特別だったものの上に、斉明天皇は「より特別な力を持ちうる可能性」を付け加えていました。だから、祖母の元明天皇に守られ、伯母の元正天皇に守られ、曾祖母の持統天皇が設定したラインにのっとって即位した、「特別な上にも特別な力」によって守られて来た聖武天皇は、即位と同時に、それまでの天皇が経験しなかった困惑にぶつかるのです。特別な力を持つ「皇」の一字を冠する女性達を母代わりにして守られて来た聖武天皇の実母は、「皇」の一字を持たない「臣下の女」だったからです。

◎聖武天皇の困惑

聖武天皇以前に、自分の母親のあり方で悩んだ天皇などいません。その必要があるはずはありません。なにしろもう即位してしまえば、天皇は天皇なのです。「母親の出自ゆえに即位出来ない」という天皇候補はいても、その即位が実現してしまえば、母親の「地位」やら「身分」を問題にする必要がありません。

ところが聖武天皇は、それを問題にせざるをえなくなるのです。彼は母親の顔を見ないままで育ちます。彼の母代わりに存在するのは、「皇」の一字を冠した偉大な女性達で、その女性達に守られて即位をした聖武天皇は、自分のあり方を疑いません――だからその代わりに、「生母のあり方」でとまどうのです。なぜかと言えば、彼、聖武天皇の前には、「天皇だった女性の姉」を母親として、「天皇だった女性の娘で、天皇だった女性の姉妹」である妻を持つ王位継承者からはずれた男――長屋王が登場するからです。その人が、「あなたの母親はいかなる人?」と、遠回しに聖武天皇に尋ねるのです。

第三章　聖武天皇の娘とその母

1　聖武天皇の母と妻

◎臣下の母と皇女の妻

聖武天皇の母は、文武天皇の妻です。言うまでもありません。文武天皇は、母親の元明天皇に譲位をしました。それまでの女帝は、すべて「前天皇の妻」でしたが、元明天皇はそうではない初の女帝です。ということになると、「なぜ文武天皇は自分の妻に譲位をしなかったのか？」ということになります。

文武天皇には妻がいたからこそ、聖武天皇も生まれるのですが、この妻は「后」ではありません。臣下の藤原不比等《ふひと》の娘だから夫人《ぶにん》です。天皇の血を引かない妻に、譲位をすることは出来ません。おまけにその妻――藤原宮子《みやこ》は、聖武天皇を生むとすぐに精神に変調を来《きた》して、幽閉状態になりました。だから、聖武天皇は生母の顔を知らないままで育つのです。

一方、聖武天皇のライヴァルとなる長屋王の母は、れっきとした皇女です。元明天皇の姉の御名部《みなべ》内親王が彼を生み、その彼の妻となるのは、文武天皇の姉妹であり、元正天皇の姉妹でもある、元明天皇の娘――吉備《きび》内親王です。皇女の母を持ち、皇女の妻を持つということは、その以前なら「皇位継承の資格を持つ皇子」にしか起こらないことです。

そもそも、天皇の血を引く皇女というのは、「うかつな相手とは結婚出来ない」というような存在です。「天皇家以外の男」は、すべて「格下の存在」になってしまうので、独身のままでいるか、結婚するのならその相手も「天皇家一族の男」に限られてしまうのです。だからこそ皇女には「結婚相手の男に皇位継承者の地位を約束する力」も備わってしまうのですが、その長屋王に対する聖武天皇の妻は、生母宮子の腹違いの妹――藤原不比等と県犬養《あがたいぬかいの》橘《たちばなの》三千代《みちよ》との間に生まれた安宿媛《あすかべひめ》（後の光明《こうみよう》皇后）です。これで、後の摂関政治の時代になれば、聖武天皇は「摂関家の娘を母とし、摂関家の娘を妻とする、揺るぎのない正統な天皇」になりますが、時代はまだ平安時代には遠い奈良時代です。

自分のことを進んで「臣下」と想定し、皇位継承権を放棄したに等しいのが、長屋王の父の高市《たけち》皇子です。しかも、「兄弟相続はだめだ、親子の相続でなければならない」として、天武天皇の血筋は皇位継承候補者の外側に投げ出されているのです。本来なら長屋王は、「聖武天皇のライヴァル」などというものにはなりえなかったのです。でも、文武天皇以降の「女帝の時代」が、長屋王に「聖武天皇のライヴァル」となりうるポジションを与えてしまいました。なにしろ、「天武天皇の孫」である長屋王は、母方の血筋を辿《たど》れば、「天智天皇の娘である御名部内親王の子」――つまり、「天智天皇の孫」なのです。

聖武天皇は、天智天皇の曾孫で、しかも、即位をせぬまま死んだ草壁皇子の孫。祖母は元明天皇ではあるけれど、生みの母は臣下の娘で、妻となるのも臣下の娘。一方、天智天皇の孫である長屋王は、女帝の甥で、女帝の娘婿――元明天皇の即位によって、皇統は「天智天皇の血を引く娘達のもの」に変わってしまっているわけで、この時代のあり方を是《ぜ》とすれば、長屋王の方がずっと、聖武天皇よりは、皇位継承者にふさわしいのです。

◎女帝の時代のねじれ現象

でも、長屋王には皇位継承者としての資格が与えられません。血筋とか「女帝の時代のあり方」とは関係なくて、そもそも元明天皇の即位そのものが、「長屋王が皇位継承者として浮上することを阻む」という性格を隠し持っていたからです。そのことを、元明天皇自身がどれほど意識していたかは分かりません――ということは、第二章の1で言いました。仮に、元明天皇が「長屋王即位の危険性」に気づいていたとしても、元明天皇が即位をすれば、そのことによって改めて長屋王にスポットが当たってしまうのは、仕方がないことなのです。

聖武天皇の即位は、おそらく、孫の文武天皇に譲位をした持統天皇以来の既定の路線――別の言い方をすれば「持統上皇の悲願」でもありましょう。しかし、聖武天皇を「唯一なる正統な皇位継承者」とするものは、たった一つ、「文武天皇の子」という条件だけなのです。元明天皇から元正天皇という、母から娘への譲位が起こる女系の時代に、聖武天皇のあり方を保証するのは、それとは違う「男系の男子」という原理になっていたのです。

聖武天皇がいたのは、女帝の時代です。聖武天皇の前には、祖母の元明天皇と伯母の元正天皇がいて、聖武天皇から譲位を受けるのは、娘の孝謙《こうけん》天皇です。女帝の時代の真ん中にいて、しかし彼自身は「男系の男子」であるという事実。あまり知られてはいませんが、実は聖武天皇は、いたって不安定な性格を持つ天皇なのです。

聖武天皇の不安定さを作った原因はなんなのかと考えると、行き着くところは一つです。自分自身が即位をして、十分に「有能な天皇」になれて、そして実際にそうだった持統天皇が、その根本において、「自分は別に天皇になりたいわけではない」と思っていて、息子や孫の即位しか考えていなかったということ――そうして、天皇のあり方を強固にし、確固とさせながら、天皇というものの実質を空洞化させてしまったことです。持統天皇の考え方は、「天皇がまだ未熟でも大丈夫。朕《わたし》がついているから」で、それをそのまま現実のものとして、彼女は「天皇と同等な太上《だいじょう》天皇」になってしまったのです。

持統天皇の考え方は、「母なる彼女」の中では辻褄《つじつま》が合っています。その彼女が最大の権力者として存在していれば、誰もが「辻褄が合っている」として受け入れざるをえません。でも、その考え方は、実のところ、あまり辻褄が合ってはいないのです。

持統天皇は「女だから政治の実務はこなせない」なんていうところにいません。男か女かという別を超えて、極めて優秀です。でも、その彼女の頭の中は、「女が中心じゃなくてもいいわ」で、しかし実際には「持統天皇という女が一番」なのです。

「女性天皇というものは、いかなる原則によって成り立っているのか」ということを不明確にしてしまったのが、実は、最も有能な女帝だった持統天皇なのです。だから、「女帝の時代」でもある奈良時代は、「女がえらい」という建前があって、実際は「それがどういうことだか分からない」という、不思議なきしみ方をするようになっていたのです。

◎奈良時代は「女帝の時代」で「女の時代」

奈良時代は「女帝の時代」です。「女帝が多かった時代」ではありません。それは、「女帝の時代で女の時代」なのです。

奈良時代には、六人の天皇がいます。平城京遷都の時の元明天皇から始まって、その娘の元正天皇、聖武天皇、聖武天皇の娘の孝謙天皇――独身で後継者を持たなかった孝謙天皇の後の、光仁《こうにん》天皇、光仁天皇の子で平安京遷都を実現した桓武《かんむ》天皇の六人で、女性天皇三人に男性天皇三人です。「男女が半々なのだから、別に女帝の時代ではない。〝女帝の多かった時代〟だ」と思われるかもしれませんが、しかしそれは「表向き」です。系図9を見てもらえばわかりますが、ここには第四十七代の天皇が欠けています。

第四十七代の天皇は、明治時代になって「淳仁天皇《じゅんにんてんのう》」の名が贈られましたが、この天皇の当時的な呼ばれ方は、「廃帝《はいてい》」「淡路廃帝」です。「天皇であることを廃されて淡路島に流された天皇」ということです。廃された天皇——廃帝は、彼が日本で最初ですが、どうも日本の女帝は「日本で最初のこと」をする傾向が高くて、これをしたのも女性の孝謙天皇で、一時この廃帝に譲位をした孝謙天皇は、重祚をして第四十八代の称徳天皇になります。

奈良時代には八代七人の天皇がいて、その男女比は男性四対女性三ですが、その一人の男性天皇は女性天皇によって追い出されてしまいます。これはある意味で、「女帝の時代」を象徴するような出来事です。

元明天皇から元正天皇、そして聖武天皇が即位をする時まで、奈良時代は平和です。しかし、その後となると、奈良時代には騒動が続出です。

長屋王の変が起こって、謀叛の容疑をかけられた長屋王の一族は自殺します。疫病が流行して朝廷の実力者達が次々と死に、九州ではそこに左遷された藤原広嗣《ひろつぐ》が乱を起こし、遠い九州での反乱に怯《おび》えた聖武天皇は都から逃げ出し、その後には遷都を繰り返します。奈良の都は五年ほどガラ空きで、ようやく都が奈良に戻ったのはいいけれど、大仏建立の心労と治安の悪化で疲れ果てた聖武天皇は、大仏の完成を待たずに譲位。孝謙天皇の時代になると、廃帝の前に

《系図9 聖武天皇と孝謙天皇》

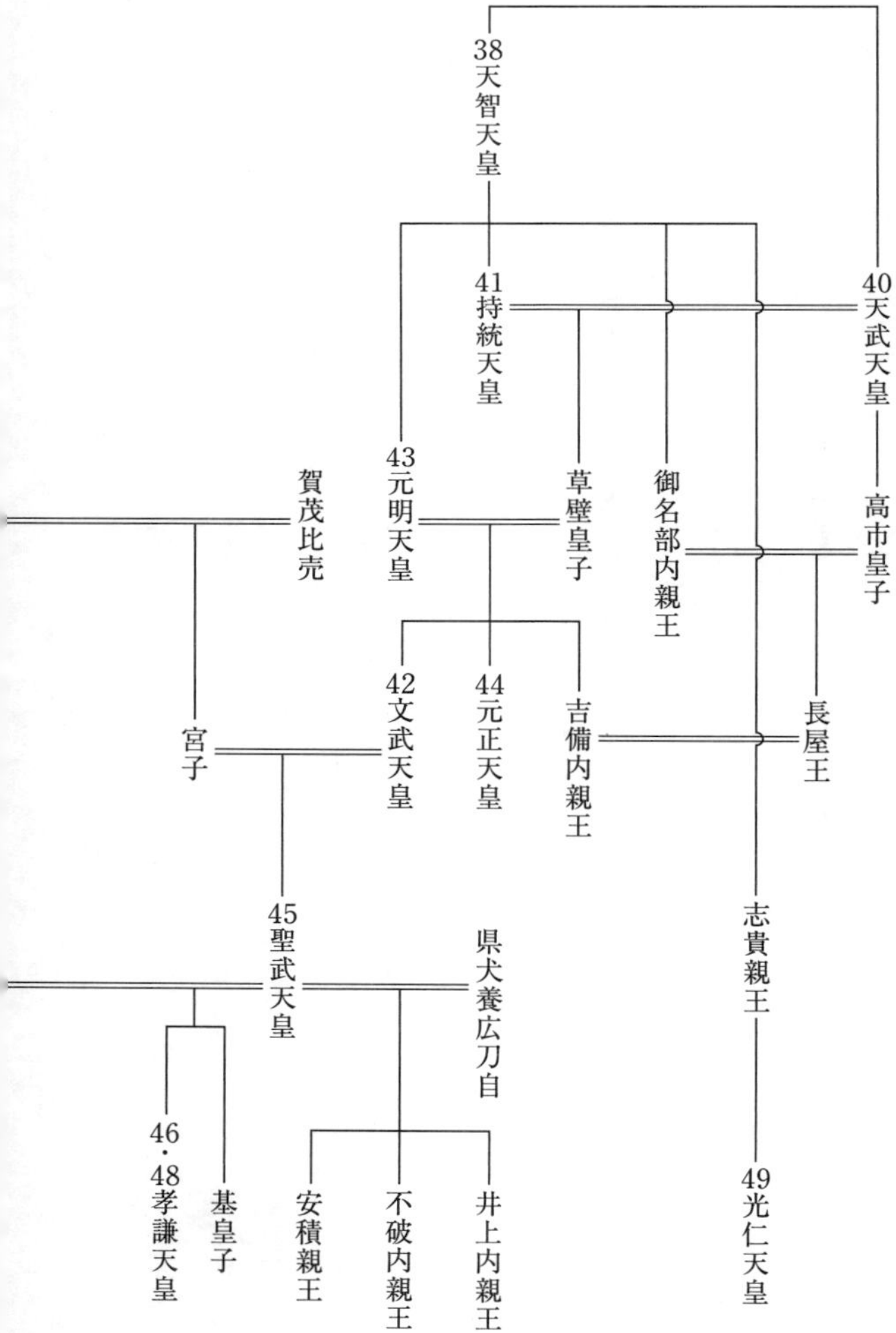
38天智天皇
40天武天皇
41持統天皇
高市皇子
御名部内親王
草壁皇子
43元明天皇
賀茂比売
長屋王
吉備内親王
44元正天皇
42文武天皇
宮子
志貴親王
45聖武天皇
県犬養広刀自
49光仁天皇
井上内親王
不破内親王
安積親王
基皇子
46・48孝謙天皇

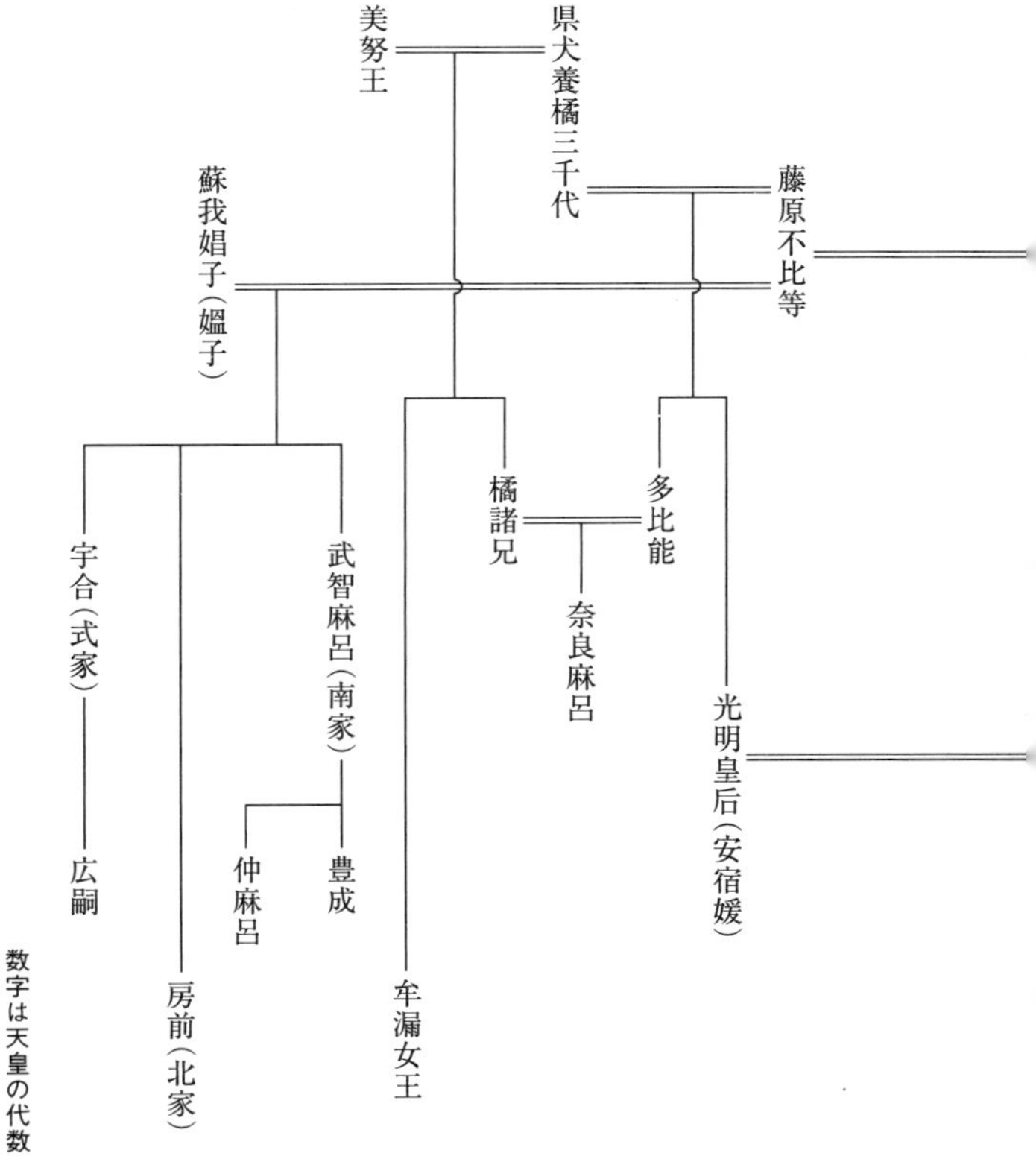

美努王
県犬養橘三千代
藤原不比等
蘇我娼子（媼子）
牟漏女王
橘諸兄
多比能
奈良麻呂
光明皇后（安宿媛）
宇合（式家）
広嗣
房前（北家）
武智麻呂（南家）
豊成
仲麻呂
数字は天皇の代数

「廃太子」の事件が起こり、続いて橘奈良麻呂《たちばなのならまろ》の乱に藤原仲麻呂（恵美押勝《えみのおしかつ》）の乱。それによって、孝謙天皇から譲位を受けていた天皇の廃位があり、その後は独身の女帝と僧道鏡《どうきよう》のスキャンダルです。孝謙天皇が死んで、天智天皇の孫の光仁天皇が即位しますが、この后となったのが聖武天皇の娘で孝謙天皇の腹違いの姉である井上《いのえ》内親王で、彼女は息子の即位を望んで夫光仁天皇の呪殺を計画します。それまでは「強い女帝が後継者を退ける」でしたが、こちらは「気の弱い天皇が退けなければならないほどの強い皇后」です。井上皇后は廃されやがて殺され、怨霊となって祟《たた》ります。桓武天皇が平城京を捨てる決断をする一因となるのが、この「皇后の祟り」です。

孝謙天皇にはもう一人、井上内親王と母を同じくする不破《ふわ》内親王という腹違いの姉妹もいて、井上皇后が死んだ後では、こちらが息子をそそのかして謀叛を計画。更には、平安京への遷都が終わり、桓武天皇が死んだ後でも、権力志向の強い女達が乱を起こし、桓武天皇の妻の一人は「伊予《いよ》親王事件」と言われるものを起こし、桓武天皇の子の平城《へいぜい》天皇は、「自分の妻の母」だった藤原薬子《くすこ》の言いなりになって「平城上皇の乱」とも「藤原薬子の乱」とも言われる事態を惹き起こします。八一〇年のこの騒ぎが収束して、ようやく「騒がしい女達の時代」は終わるのですが、つまりはこの騒ぎも「女帝の時代の余熱」のようなものです。

「女帝の時代だから平和だ」などということは決してありません。聖武天皇の時代も騒がしく、その後を継いだ孝謙天皇の時代も騒がしくて、であればこそ、その後にも「時代を騒がせる女達」は続々と登場するのです。

どうしてそういうことになるのか？　奈良時代を「女の時代」にする、もう一人の人物が存在するからです。聖武天皇の后となった臣下出身の女性――光明皇后がその人です。

◎天平《てんぴょう》の后

長屋王の変は、その後の時代の騒がしさの起点となるようなものですが、この年にはもう一つの重要なことがあります。初の臣下出身の后――光明皇后の立后《りっこう》です。

長屋王の変が起こったのは七二九年の二月――八月には改元が起こって、神亀《じんき》六年だった年が天平元年になり、改元の五日後が光明皇后の立后です。なぜ「天平」への改元が起こったのかと言うと、その時、甲羅に「天王貴平知百年」の文字を見せた亀が見つかったからです。この時代は亀の持つ霊力のようなものが信じられていて、不思議な亀が現れると「改元」ということになります。「天平」の前の「神亀」もその一つで、「天王（皇）は貴く、その知らしめす世は百年平らかに続く」というところから、略して「天平」です。

そういうものですから、この「天平」の年号は、「聖武天皇のあり方を称えるもの」です。気の弱い聖武天皇は、「長屋王が謀叛を計画しています」と聞かされ、長屋王一族が結局自殺してしまった事実によって、それを「真実」と思い震え上がったのでしょう。だから、その聖武天皇の自信を回復させる必要があって、誰かがなにかを企んだのだということは十分に推測出来ます。そして、光明皇后の立后です。「天平」への改元によって、藤原不比等の娘安宿媛《あすかべひめ》は「光明皇后」と言われるような存在となりはしたのですが、しかし、「天平」の年号は直接彼女と関係がありません。少なくとも「彼女のための年号」ではないのです。

しかし、「光明皇后」というのは彼女の通称であって、彼女の本当の称号は「天平応真仁《てんぴょうおうしんにん》正《しょう》皇太后」という長いものです。「天平」の二文字は彼女の上にあって、彼女はまさしく「天平の后」なのです。

「天平」の年号は、聖武天皇が譲位をする天平二十一年まで続きます。これは、それまでに最長の年号で、近代以前の年号としては「長期間」の部類です。しかし、天平二十一年はその年の間に二度も改元があって、「天平感宝《かんぽう》」「天平勝宝《しょうほう》」と「天平」の二文字を冠した年号が続きます。

年号が四文字になるのは、聖武天皇から譲位を受けた孝謙天皇の時代だけにある特殊なもので、これは「天平」の二文字を冠したまま、「天平宝字《ほうじ》」「天平神護《じんご》」と続き、天平元年の三十八年後である七六七年の天平神護三年まで続きます。孝謙天皇が生きて天皇位にある限り、この四文字の年号はまだ続きますが、「天平神護」の後の孝謙天皇最後の年号は「神護景雲《じんごけいうん》」です。このしりとりのように続く年号から「天平」の二文字が消えてしまう理由は、ある意味で簡単です。この時期、五十歳になった女帝の心が、道鏡にのめり込んでしまうからです。「天平」の年号が、孝謙天皇の母親の光明皇后のあり方と大きく関わっていることを考えると、「道鏡への恋に溺《おぼ》れてしまった女帝が、彼女の監督役でもあった、死んだ光明皇太后からの離脱を図ったのだ」と理解されるのです。

「天平」と改元された五日後に皇后となり、その後の三十八年間彼女の影響力は維持されて、「天平」を冠する称号をいただくようになった光明皇后――彼女の存在をカウントすれば、奈良時代はまさに「女帝の時代で女の時代」になり、孝謙女帝の時代は「光明皇太后の時代」と大きく重なるのです。そしてこういう言い方をすれば、ある誤解が生まれます。つまり、「臣下出身の彼女が皇后になるためには、なんらかの〝陰謀〟があったのではないか」とか、「それだけ長い間影響力を保っていたのなら、光明皇后は権勢力の強い女性だったのではないか」というような誤解です。

光明皇后の立后は、同じ年にあった長屋王の変となんらかの形で連関しているはずです。だから、そこにはなんらかの「陰謀」があったということは考えられますが、しかし、事態はそう単純ではありません。というのは、聖武天皇という人が「気弱」で「不安定な心理」を抱えていた人ではあったにしても、そう簡単に臣下ごときの人間に騙されない強さを持っていたからです。

聖武天皇は非常に誇り高くて、だからこそ独断で物事を進めてしまうという傾向があります。そういう人を騙すのは簡単ではなくて、光明皇后が「しっかりした人」であったとしても、「聖武天皇を言いなりに操る」などということは出来ません。正倉院に残されている光明皇后と聖武天皇の筆跡を比べて見ると、光明皇后のそれが力強く骨太であるのに対して、聖武天皇の筆跡は繊細で、だからこそ「神経質な人」のようにも思えます。光明皇后が「しっかりした人」であったことは確かだろうと思えますが、彼女はそうそう権力的になんかなれなかったはずです。その点で聖武天皇は「強く誇り高い人」で、だからこそ事態は複雑に、不思議な傾き方をして行くことになるのです。

◎誇り高い聖武天皇に、長屋王が言ったこと

話は、聖武天皇が即位をしたその年――光明皇后の立后の五年前である神亀元年（七二四）に戻ります。この年二十四歳になった聖武天皇は二月の初めに即位し、母親の藤原宮子に「大《だい》夫人《ぶにん》」の称号を贈ります。するとその翌月の三月も半ばを過ぎてから、朝廷の№2になっている長屋王を先頭にした男達が進み出ます。「畏《おそ》れながら――」と長屋王が聖武天皇に尋ねるのは、その母親の称号についてです。

「先月の仰せですと、藤原の夫人は〝大夫人〟になりました。しかし、令の規定を見ると、天皇のご生母の称号は〝皇太夫人《こうたいぶにん》〟です。仰せのままにすると、ご生母は〝皇〟の一字を失います。しかし、令の規定通りに〝皇太夫人〟とすると、仰せに反する違勅《いちょく》の罪になります。どうすればよいか判断に迷いまして、こうしてお尋ねをいたします」というのが長屋王の発言です。

これが持って回った皮肉で、慇懃無礼《いんぎんぶれい》とはこうしたことを言うのだというのは、もうお分かりでしょう。臣下の人間である藤原宮子は、文武天皇の妻として、后でも妃でもない「夫人」の地位を与えられていました。これが「天皇の生母」ということになると、称号は「皇太夫人」です。しかし聖武天皇は、これを「大夫人とせよ」と言ったのです。

それは、聖武天皇にとっては「いたって自然な発想」だったはずです。つまり、「彼女は朕《わたし》の母親ではあっても、天皇の血を引いていないのだから、〝皇〟の字に値しない」ということです。だから長屋王は「ちょっと待ってくれ」と言うのです。そのクレームをつけるのに一カ月以上の時間がかかっているのがなぜかは分かりませんが、長屋王の言い方には、明らかに「含むもの」があります。

それを言うのなら、「仰せの通りにすると、令の規定に反します。令の規定通りにすると、仰せに反する違勅の罪になります」でいいのです。ところがそれを、長屋王はわざわざ「仰せの通りにすると、ご生母は〝皇〟の一字を失いますが」と言うのです。当の宮子は「なお幽閉中」で、こんな議論の存在を知りません。しかし長屋王が、彼女が「皇族」ではない「臣下筋の女」であることを踏まえて、「せっかく〝皇〟の一字を頭《かしら》に戴《いただ》けるようになるのに、あなたはそれを上げないのですか？」と言っているのです——そういう言い方をすることによって、「あなたの母親は、皇族よりランク落ちの一般人ですよね」と言っているのです。

これに対して、聖武天皇はどう答えたのか？　聖武天皇は、素直に誤りなんか認めません。「彼女の称号は、文字では〝皇太夫人〟と書く。しかし、これを読んで発音する時は〝大御祖《おおみおや》〟と言うのだ」と答えるのです。

「オオミオヤ」で思い出されるのは、大化の改新の後で譲位した皇極天皇に与えられた「皇《すめ》祖母《みおや》」です。「皇祖母」も「大御祖」も、どちらも同じようなものなのですが、「大御祖」に「皇」の字はやはりありません。「母」の字もついでにありません。令の規定が「皇太夫人」になっている以上、これには従うけれども、やはり聖武天皇は、自分の母親に「皇」の字を上げたくないのです。「彼女は〝皇〟に該当しないな」と思ってしまった最初の気持ちを曲げたくはないのです。

長屋王の母が元明天皇——譲位して元明上皇となり、聖武天皇即位の時には既に死んでいますが——その上皇の姉であることからすれば、長屋王の質問が聖武天皇への「愚弄《ぐろう》」であることは分かります。そして、聖武天皇が誰にも負けない「絶対の地位」を誇る天皇であるのなら、

「朕《わたし》の母親なのだから、誰がなんと言っても〝皇〟の地位に値する」と言ってもいいのです。「彼女は文武天皇の夫人だったが、朕の母なのだから〝皇太后〟であってもいい」と主張したっていいのです。平安時代には、「天皇の妻としてある時は〝后〟ではなかったが、生んだ子が即位して天皇になったから〝皇太后〟とする」というのは、いたって当たり前に存在するのです。その前例を、ここで聖武天皇が作っていてもいいのです。でも、絶対の地位に即いている聖武天皇は、そのあり方を逆の方向に用いるのです――「朕は皇統から出た天皇だが、母はそうではないので、その母に〝皇〟の一字を贈るのには、ためらいがある」なのです。

◎頑固で誇り高い聖武天皇の「特別」

聖武天皇の即位前の名は「首皇子《おびと》」です。令の規定からすれば、彼は「首親王」であってしかるべきなのですが、即位前の聖武天皇を「首親王」とする例を私は見たことがありません。たとえ「首親王」であったとしても、即位前の彼は「皇太子」と呼ばれればすむのですから、その名称は必要ありません。後になれば「皇太子〇〇親王」ということになりますが、聖武天皇に関しては「首親王」である必要がなかったのです。どうでもいいことを問題にしているようですが、この時代の親王は、天武天皇の皇子であり天智天皇の皇子であって、彼等は親王としてただふんぞり返っている存在ではないのです。臣下の上に立って天皇のために働く存在なのです。ちなみに、朝廷のNo.2だった長屋王のポジションは左大臣で、その上には天武天皇の皇子である舎人《とねり》親王が「知太政官事《ちだいじようかんじ》」という役名で存在しています。

同じ皇族であっても、親王は天皇のために働く――臣下のトップであるような存在だからこそ、天皇のために働く。「親王」というのがそういう存在であることを考えれば、「親王」である前に皇太子だった聖武天皇の「特別」は分かろうというものです。なにしろ、十五歳になった聖武天皇は、「まだ年若で後宮を出られない」と言われたような存在だったのですから。「病弱だから出られない」ではないのです。「まだ遊んでなさい。男達のいる前に出なくてもいいですよ」ですんでいるのが、即位前の聖武天皇だったのです。

聖武天皇は、「朕は特別」という考え方が出来る人で、彼にとって「朕と同様に特別」であってしかるべき人は、祖母の元明天皇と、伯母の元正天皇だけのはずで、たとえ生母であっても、藤原宮子は「朕と同じ皇の字を持つ存在ではない」というようなものであったはずです。だから、聖武天皇がそういう人であることを考えると、たとえ誰かが、「今おそばにいる藤原の夫人（安宿媛）を、皇后になさってはいかがでしょう?」と言ったとしても、聖武天皇がそう簡単に納得するとは思えないのです。なにしろ、半ば伝説の霧に埋もれているような葛城《かつらぎ》の磐之媛《いわのひめ》以外に、「天皇の血を引かない女性」が后（皇后）になった例はないのです。自分の母親にさえ「皇」の一字を贈らなかった聖武天皇は、自分の妻に「皇」の文字の付く「后」の地位を与えることが出来るのかという問題だってあるのです。

問題は「果してそこまで、聖武天皇は光明皇后を愛していたのか？」ということでもあり、仮に「臣下出身の安宿媛を皇后にする」という陰謀があったとしても、それが「聖武天皇の心の中の問題」になってしまえば、「陰謀」としては成り立ちにくいということです。果して聖武天皇はどのくらい、あるいはどのように、光明皇后を愛していたのでしょうか？

◎元明天皇のお諭《さと》し

聖武天皇が即位前の十六歳の年です。それは、祖母の元明天皇が「本来なら皇太子に譲位すべきだが、まだ皇太子は年若なので」と言って娘の元正上皇に譲位をした翌年ですが、聖武天皇はその元明上皇に呼ばれて、あるお諭しを受けます。それは、その時に妻となった光明皇后に関することで、元明上皇は、「女だから皆同じだなどとお思いになりますな」と前置きして、「彼女がなにかの過ちを犯した、罪を犯したというのでもなければ、決してお見捨てになりますな」と言います。そして、彼女の父である藤原不比等が、どれほど朝廷に忠勤を尽したのかということも。

元明上皇は、妻として与えられるまだ「安宿媛《あすかべひめ》」の光明皇后を「大切にしろ」と言い、その「大切にしなければいけない根拠」を、「天皇とその朝廷に対して忠勤を尽す藤原不比等の娘だから」と、聖武天皇に諭すのです。

「陰謀家」と思われることもある光明皇后の父、不比等は、当時朝廷の№2である右大臣です。№1は左大臣で、左大臣だった長屋王を朝廷の№2にしていた知太政官事は、この当時にいません。舎人親王が長屋王の上に立つ知太政官事に任命されるのは、右大臣のままで藤原不比等が死んだ翌日で、つまりは、長屋王を抑えるためなのです。

このことから明らかなように、藤原不比等は「陰謀家」ではありません。奈良時代が騒がしくなるのは聖武天皇の即位後で、藤原不比等は死んでいます。不比等は、女帝とその朝廷に対して献身的に働き、時代を「聖武天皇の即位」へ導くよう努力していました。それが、元明、元正女帝の意志でもある以上、不比等のしたことは「陰謀」でもなんでもなく、彼は「聖武天皇の即位」という無茶な方針に対して不服を唱えかねない男達を、よく抑えていた重鎮《じゅうちん》――つまりは「重石《おもし》」だったのです。その彼が死んで、なんだか状況は怪しくなる――だからこそ「陰謀」はスタートするので、生きている間の不比等は「陰謀家」である必要がないのです。

それを言うのなら、最大の陰謀家は、愛する草壁皇子の忘れ形見を天皇にしたいとだけ思い続けていた持統天皇で、藤原不比等はその意志を忠実に反映して、数々の提言をしたり、持統天皇のために働いたという、それだけのことなのです。

藤原不比等は、天智天皇と共に大化の改新を戦った忠臣＝藤原鎌足の次男で、父が死んだ時にはまだ十一歳でした。鎌足が死ぬのは、天智天皇が死ぬ二年前で、天智天皇の死の翌年が壬申の乱ですから、壬申の乱には「終わってしまった前時代の後の方針選択」という意味もあったことになりますが、鎌足が天智天皇と親しい以上、子供の不比等は当然「近江方」です。壬申の乱の時に十四歳の不比等になにが出来るわけもなく、ただおとなしく「近江方の人間」として存在していただけでしょうが、この近江の朝廷と争ったのが天武天皇ですから「鎌足の息子」は天武天皇にあまり好かれなかったでしょう。「藤原不比等」の名前が歴史に登場するのは、不比等が三十一歳になった年——死んだ天武天皇の埋葬が終わり、「やれ一安心」と思う持統天皇が「草壁皇子の死」を経験してしまう年です。

父の鎌足は変わった人で、あまり欲がありません。鎌足には、不比等より十七歳年上の真人《まひと》という長男がありますが、彼は出家して、弟の不比等が生まれる以前に僧になっています。たった一人しかいない息子を僧にしてしまうということは、そのことによって自分の家を断絶させてしまうことですから、当時としてはありえない選択です。でも、父の鎌足は、長男にそれを許してしまった——そういう家の息子なので、不比等にもあまり欲がありません。その死の二年前に、元正天皇は不比等に太政大臣のポストを与えようとしますが、不比等は固辞してこれを受けませんでした。彼は、元明天皇が言う通りの、「帝とその朝廷にひたすら忠勤を励む人」なのです。

そういう男の娘だからこそ、元明上皇も安宿媛を「大切にしなさい」と言うのです。聖武天皇の母親宮子も不比等の娘で、聖武天皇にとって不比等は「外祖父」に当たりますが、彼は臣下の分際を守って、ひたすらに忠実だった——だからこそ「太政大臣などとはとんでもない」としてこれを固辞するのですが、「そういう男の娘だから大事にしなさい」と言われて、果して聖武天皇はどう思うのかですね。もしかして重要なのは、元明上皇が最初に言う、「女だから皆同じだなどと思うな」の一言であるかもしれません。

◎聖武天皇のもう一人の女性

他ならぬ祖母の元明上皇に「女だから皆同じだなどと思うな」と言われて、文句の言える人間は当時一人もいません。それを言う元明上皇が「特別中の特別な女性」だからです。しかし、その上皇が、なぜそんなことを言うのか？　もしかしたらその時に既に、若き聖武天皇は「女なら皆同じだ」と思いかねない状態にあったのかもしれません。つまり、彼にはもう「愛する女性」があって、だからこそ藤原不比等の娘を妻として授けられても、蔑《ないがし》ろにしてしまう可能性があった——だからこそ、祖母の上皇も「そんなことをしてはいけませんよ」と釘を刺したのかもしれないのです。そんな可能性がなくもないのです。

十六歳で藤原不比等の娘と結婚をした聖武天皇に、もう「別の女性」はいたのか、いないのかというと、「いた」の可能性大です。

その二年前、聖武天皇が十四歳になった年の六月に、彼は「元服《げんぷく》」をして「皇太子」になります。「元服」という成人儀式の言葉が日本の歴史に登場するのは、これが最初で、だからこそ「元服は十四歳か十五歳」ということが信じられるようにもなってしまいますが、日本人の成人年齢はやはり二十歳頃で、聖武天皇のそれが早過ぎたことが、後の誤解の因《もと》となったのです。

どうして聖武天皇の元服が十四歳になったのかと言えば話は簡単で、聖武天皇の父の文武天皇が、十五歳で即位をしたからです。

そもそも元明天皇は、自分から進んで即位なんかしたくなかった人です。だから、聖武天皇が十五歳になると、「まだ年若で譲位は無理だけど」と言って、さっさと娘の元正天皇にバトンタッチをしてしまいます。

元明天皇の譲位は九月ですが、その年の正月には、前年に皇太子になった聖武天皇が初めて礼服を着て天皇に正月の挨拶をしています。これが聖武天皇の公式デビューで、それがあったからこそ、元明天皇も「今年の内に譲位をしてしまおう」と考えたのです――そういう未来スケジュールがあるからこそ、十四歳の聖武天皇は、前年に元服し、皇太子として立ったのです。

元服というのは、江戸時代だと前髪を剃《そ》り落とす。それ以前だと、頭に烏帽子《えぼし》や冠を載せますが、もう一つ、成人儀式に必要なこともあります。それは、女性と性体験を持つことで、だからこそ「大人になる」になるのです。

元服の夜に一夜を共にする女性のことを、平安時代では「副臥《そいぶし》」と言って、それが将来の妻となるような人の場合もありますが、身近に仕える女がその役を務めることもあります。「光明皇后以前の女性」として考えられるのが、この女性です。

聖武天皇には、県犬養広刀自《あがたいぬかいのひろとじ》という女性がいます。彼女は、孝謙天皇の後に即位した光仁天皇を呪い殺そうとした恐ろしい皇后井上内親王や、その後に息子と共に謀叛を企んだ不破内親王の母親で、聖武天皇の子を最初に生んだ女性です。別に彼女は「恐ろしい女性」ではありませんが、微妙なのはその名前です。彼女は県犬養一族の女性で、父親は身分の低い男ですが、光明皇后の生母の名は県犬養橘三千代《たちばなのみちよ》なのです。県犬養橘三千代は、本来「県犬養三千代」で、後に元明天皇から「橘」の一字を賜って、彼女以外にない「県犬養橘」姓を名乗るようになりましたが、彼女は本来、県犬養広刀自の一族なのです。

県犬養三千代は、持統天皇付きの女官であったと思われて、初めは敏達《びだつ》天皇の曾孫である美努《みの》王の妻となり、夫の生存中に藤原不比等の妻となります。「夫の出張中の不倫」かもしれませんが、彼女もまたこの時代の女傑の一人で、欲はないが女性心理にはいたって詳しかったろう藤原不比等と共に、文武天皇の即位を考える持統天皇のための「有能なチーム」を構成します。

不比等の娘の宮子が聖武天皇を生んだのはいいけれど、彼女が発狂して幽閉されてしまえば、三千代は聖武天皇の「乳母頭」のような役割で、その養育に当たらなければなりませんし、光明皇后が生まれたのは聖武天皇と同じ年なのですから、妊娠し出産した彼女は大忙しでもあります。県犬養三千代は、聖武天皇の乳母であると同時に乳母頭でもあって、彼女の下には県犬養姓の別の女が乳母をしていた――それが県犬養広刀自の母と考えられるのです。やがては聖武天皇の妻となる――おそらくは早くにそのように定められた光明皇后が「聖武天皇の幼なじみ」というものになるわけがなく、その役を果すのなら県犬養広刀自で、だからこそ私は、元服する聖武天皇の副臥が彼女だったのではないかと考えるのです。

既に聖武天皇には、県犬養広刀自という女がいた――だからこそ、十六歳になった聖武天皇に藤原安宿媛という女性を与えるに際して、「女なら皆同じ、などと考えるな」と元明上皇は釘を刺した。そう考えると、上皇の不思議なお諭しも納得出来るのです。

十六歳で聖武天皇の妻となった光明皇后は、その二年後に娘の孝謙天皇を生みますが、実はその前年に、県犬養広刀自は井上内親王を生んでいます。更に、聖武天皇即位後の二十七歳の年に、光明皇后は夭折《ようせつ》の皇子基《もとい》皇子を生みますが、県犬養広刀自が男子の安積《あさか》親王を生むのは、その翌年――基皇子が死んでしまう年です。二人の女性は、まるで競うように聖武天皇の子を生んでいますが、競ったのは女達ではなくて、「平等に扱わなくちゃいけないんだろうな」と思っていた聖武天皇の方かもしれません。

聖武天皇は、光明皇后を愛していたかもしれません。しかし、もしかすると聖武天皇が愛していたのは県犬養広刀自の方で、光明皇后はもう少し違った存在であったのかもしれません。なにしろ聖武天皇は、誇り高くても気弱で、彼をしっかりと支える存在が必要です。どう考えても県犬養広刀自にその力はなく、それが出来るのは、藤原不比等と県犬養橘三千代の間に生まれた光明皇后です。元明上皇が「この女を捨ててはいけませんよ」と言うのなら、不比等や三千代の方だって、「しっかりと皇太子をお支えしなければいけませんよ。それがあなたの義務ですよ」とは言うでしょう。そして光明皇后はそれが出来るような、「しっかりした女性」なのです。

◎「長屋王の変」という陰謀

聖武天皇の時代に明らかに「存在した」と思われる陰謀は、長屋王の変だけです。後の騒ぎは、「その時の成行《なりゆき》次第」です。長屋王がいなくなった後の聖武天皇は、たとえ気が弱くても「揺るぎない絶対の存在」になりますから、これを動かすことは出来ないのです。

「長屋王」の名前は、今でもたまに新聞で見ることがあります。奈良で長屋王の邸宅跡の発掘調査が行われていて、その「新発見」による情報が時々現れます。「長屋王は非常に豪華な生活をしていた」とか「長屋親王とも言われていたようだ」とか。彼が「謀叛の容疑で自殺した人物」ということになると、「贅沢《ぜいたく》放題をしてふんぞり返っている悪人」のようにも思われますが、彼が「長屋親王」と言われるような存在であることは、不思議でもなんでもありません。彼が「親王」になっていないことが不思議で、彼はまた国の財務状況をきちんと考えるまともな政治家でもあるので、朝廷で働く男達の支持を受けるのは当然なことなのです。問題は、その彼を遠ざけなければいけなかった、元明、元正、聖武天皇の時代のあり方にあるのです。

聖武天皇の即位前は、時代の転換期でもあります。持統天皇以来の天皇の周辺を守って来た藤原不比等が死に、その翌年には元明上皇も死にます。元正天皇は、天皇としてはアマチュアに近い人ですから、不安にもなるでしょう。母の元明天皇から譲位を受ける時でも不安でありましょうし、そういう新天皇に対して、母なる上皇は「不比等の大臣に任せておけば大丈夫ですよ」というアドヴァイスをするでしょう。でも、その頼りの不比等が死んで、アドヴァイスをしてくれる母上皇も世を去ってしまいます。それが聖武天皇即位の三年前で、死んで行く元明上皇は、長屋王と不比等の次男の房前《ふささき》を呼んで、自分の葬儀のことや死後の朝廷のことを遺言します。元明上皇が当時の最高権力者であったことを示すもので、また不比等の死後に頼りになるのは、長男の武智麻呂《むちまろ》ではなく、後の摂関家を作る藤原北家《ほっけ》の祖房前であることも明らかになります。

元明上皇としては、「二人仲良く力を合わせて、朝廷を支えてほしい」と言いたいところでしょうが、長屋王は、聖武天皇側からすれば「危険人物」でもあるような人です。後に残された元正天皇としては、そうそう安心もしていられません。それで房前の方を、令の規定にはない「内臣《うちのおみ》」というポストを創設任命して、自分の相談役のようにします。それで「一《ひと》安心」ということで、三年後には聖武天皇に譲位をしますが、「案の定」と言うべきか、長屋王は即位したばかりの聖武天皇に対して、「ご生母の称号のことなんですが――」という挑発行為に出ます。しかし、そこで一気に両者は対立というわけでもなく、五年間は事もなく過ぎます。

微妙な事態が起こるのはその五年目のことで、既に言いましたが、この年には立后前の光明皇后が生んだ基皇子が、生後一年を過ぎたばかりで死んでしまうのです。

基皇子は、生まれて二カ月で皇太子になります。言うまでもなく、史上最年少の皇太子です。それが可能になるということは、聖武天皇の力が非常に強かったということでもあります。ところが、その皇子が死んでしまいます。しかも、その年には県犬養広刀自が安積親王を生んでいるのです。この時期に「臣下出身の安宿媛を皇后にしてしまえ」という発想はまだないはずで、それは「考えられないこと」であるはずです。後の光明皇后の県犬養広刀自に対する優位性は「彼女が皇太子の母になった」ということで、その皇子が死んでしまえば、藤原の娘の優位性はひっくり返ってしまいます。

一方、長屋王は朝廷の中心機構である太政官《だいじようかん》の左大臣です。これで、長屋王が権力意志の強いエゴイストであるなら話も変わって来ますが、そうである前に彼は、朝廷に仕える男達の支持を集める有力政治家です。つまり、行政の方では「長屋王派」と言うべき勢力が着実に勢いを増して来るのです。

長屋王の上には、彼を抑えるために知太政官事《ちだいじようかんじ》に就任した舎人《とねり》親王がいます。彼は、元正上皇派で聖武天皇派で、御世に重きをなす人物は、聖武天皇であるよりも、元正上皇なのです。聖武天皇は、「絶対者」でもありますが、まだ若い聖武天皇は、「自分が空回りしていることに気がつかない絶対者」のような存在にもなりつつあります。御世に重きをなした藤原不比等が死に、彼を重用した元明上皇が死んで、聖武天皇は天皇になったけれども、「聖武天皇を即位させる」という方向で進んで来た朝廷の勢力図は微妙に変わりつつあったのです。

聖武天皇を支える勢力は、不比等の遺児である武智麻呂、房前、宇合《うまかい》、麻呂《まろ》の四兄弟で、元明上皇や元正上皇に信頼された房前は、聖武天皇の即位下で「内臣」という側近の地位をはずされています。絶大なる権力者となっている聖武天皇は、どうやら有能であるかもしれない藤原房前があまり好きではなく、この弟よりも穏健な長男の武智麻呂を信任しています。聖武天皇に仕えるのはいいけれども、父を失った藤原四兄弟は、朝廷の中でジワリジワリとその勢力を失って行くのです。これが、長屋王がおとなしくしていた「聖武天皇即位後の五年間」です。安宿媛の生んだ基皇子を失った藤原四兄弟は、そこで一挙に勝負に出ます。それが「長屋王の変」という事件であるのだと、私は考えています。

◎「絶対者」になった聖武天皇

この以前から、「謀叛の容疑」というのは、多く「冤罪」です。権力者にとって都合の悪い人間は「謀叛の容疑」を訴えられ、孤立した結果、死に追いやられて行きます。「長屋王の変」も同様なもので、これが巧妙なのは、まだ「長屋王と聖武天皇の対立」が明確になっていない段階で、「対立がありますよ。あなたは長屋王に憎まれていますよ」と聖武天皇をこわがらせてしまうことを目的としていることです。

長屋王が聖武天皇を「おもしろくない」と思っているかもしれないことは、彼が「天皇の生母の称号」でクレームをつけたことから明らかです——「謀叛を企んでいる」と言われた瞬間から、「やっぱりあの時から長屋王は——」という疑念が明確になってしまいます。そして「長屋王が聖武天皇に敵対する」ということになったら、聖武天皇の味方となるのは、天皇に忠実だった右大臣藤原不比等の四人の息子しかいないのです。「長屋王の変」は、離れかけた聖武天皇の心を藤原一族の方に向ける効果を持つものなのです。

長屋王の変の後、朝廷には一つの指示が出されます。「知太政官事の舎人親王が政務のために太政官へやって来た時、必要以上に丁寧な礼をしてはならない。ただ、その場に立って頭を下げるだけにしろ」というものです。長屋王がいなくなった後、行政のトップは舎人親王で、このおとなしく真面目な親王に、不必要な人望が集まることを、聖武天皇側は恐れたのです。それはつまり、「天皇以外に力を持った人間があってはならない」という新方針が出されたということです。そしてその後——長屋王一族の死の四カ月後、「天王（皇）は貴く、その知らしめす世は百年平らかに続く」という文字を甲羅に浮かべた亀が献上されます。藤原氏の陰謀というのは、そのように、自分達の目的を見せない、洗練されたものなのです。

世の中に、聖武天皇以上の力を持つものは存在しなくなりました。そして、その絶対者の高みに立って、聖武天皇は孤独なのです。だから、聖武天皇は自分を支えてくれるパートナーを求めなければならなくなるのです。それが「臣下初の皇后」である光明皇后の立后なのです。

彼女を「皇后」として立てる理由を、聖武天皇は、正直に、そしてぎこちなく、朝廷に仕える男達に説明しています——「朕《わたし》は在位六年になる。在位の長い天皇に皇后がいないのはよくない。天下の統治は一人でするものではなく、それを背後で支える人間が必要なのだ」と。それが「臣下の娘」で「夫人」でしかない安宿媛であっていいのかどうかと、聖武天皇は「六年の間考えて来た」と言います。そして「いいのだ」と思った理由として、「彼女を妻として迎えた十六歳の時、元明上皇から言われた〝お諭しの言葉〟」を紹介します。それが「女だから皆同じだなどと思うな」云々のお諭しなのです。

「彼女は、天皇と朝廷に忠勤を尽した藤原右大臣の娘だから、元明上皇は〝彼女を見捨ててはならない〟と仰言《おつしや》った。そして彼女は、死んだ皇太子の母である。臣下の女性を后とする前例は、葛城の磐之媛にある」というのが、藤原の安宿媛を皇后にする理由です。それだけのことを、天皇が臣下の男達に説明しなければいけない時代でもあったということですが、この「臣下への説明」は、聖武天皇の「自分自身への説明」でもあったでしょう。なにしろ、「皇太夫人」であってもいいはずの生母に「皇」の一字を贈ってもいいのかどうかで悩んでいたのが、聖武天皇であったのですから。

◎その後の聖武天皇

その後しばらくは、平和です。しかし、光明皇后立后の八年後、疫病が大流行して、光明皇后の四人の兄は揃って死んでしまいます。基皇子を失った光明皇后には子供が誕生せず、藤原四兄弟が死んだ翌年には、彼女の生んだ娘――阿倍《あべ》内親王が女性として初の皇太子になります。後の孝謙天皇です。「女性の皇太子」という前例のないことをして、聖武天皇はこれに対してなにも説明をしません。だから私としては、「支え手の兄達をなくして不安がる皇后のために、皇后の生んだ娘を皇太子にして安心させてやる」ということだったのかなと理解するしかありません。

その二年後、父の宇合《うまかい》を亡くした藤原式家《しきけ》の長男、広嗣《ひろつぐ》が九州で反乱を起こします。かなり言動が乱暴だった広嗣は、阿倍内親王の立太子の年に九州の大宰府《だざいふ》へ左遷されていたのです。遠い九州での反乱に驚いた聖武天皇が「都から逃げ出した」ということは既に言いましたが、それを証明する「発言」もあります。

広嗣の反乱を鎮圧するために、聖武天皇は都から大野東人《おおののあずまひと》という将軍を送りますが、九州に着いたこの将軍に、「朕《わたし》は思うところがあって東国へ行く。今がそれをする時ではないということは分かっているが、やめられないのだ。朕が東国へ向かったということを知っても、驚いたり怪しんだりしないように」と伝えさせるのです。

なんのためかは分からず、それを説明しないまま、元正上皇や皇后、皇太子を連れた聖武天皇は、平城京にわずかの留守居役を残して都を離れます。伊勢にまで着いたところで、「広嗣は捕えられ、処刑された」という報告が届いて、それで安心した聖武天皇は都へ戻るかと思いきや、更に東へ進み、次いでは北上して、関ヶ原から琵琶湖方面を周《まわ》って、奈良の手前の恭仁《くに》というところに腰を落ち着け、「ここを都にする」と宣言します。奈良の都へ戻るのはこの五年後で、その間何度も「遷都」を繰り返し、信楽《しがらき》の山の中に大仏の建立を計画します。奈良の東大寺の大仏は、初めまったく違うところに建設を計画され、途中までその工事は進められていたのです。

聖武天皇の心理は不安定になり、でも「絶対の権力者」となっている聖武天皇のすることを、誰も止めることが出来ません。自分が手にしてしまった巨大な力に振り回されるようにして、聖武天皇はヘトヘトになり、四十九歳で娘の孝謙天皇に譲位をするのです。その時、孝謙天皇は三十二歳でした。

2　孝謙天皇とその母

◎天皇になる教育を受けた唯一の女性

孝謙天皇が皇太子になったのは、二十一歳の年です。それから即位までの十一年、彼女はなにをしていたのか？　天皇になるための勉強をしていました。彼女の家庭教師――東宮学士《とうぐうがくし》になったのは、中国に留学して戻った当時最大の知識人吉備真備《きびのまきび》（当時は下道真備《しもつみちのまきび》）でした。つまり彼女は、当時の最先端の学問を身につけたのです。

彼女のあり方は「キャリア官僚になるためにエリート教育を受けて東大へ行った」というよ

うな現代女性に似ています。しかしその彼女に、「結婚か、仕事か」という選択肢はありません。「天皇になった女性の結婚はタブーだ」というわけでもなく、「天皇になるのは男でなければならないというわけでもない」ということになっているのに、「天皇になった女性が結婚生活を成り立たせるための制度」というものがないから、必然的に「結婚という選択肢はない」になるのです。

男の天皇なら、「后となる女性」を用意して、彼女に「皇后」の称号を贈る――それ以外にも「妃」とか「夫人」とか「嬪」というものも存在しうる。それなのに、独身の女性が天皇になっても、「その配偶者をなんとするか」という規定がありません。「独身の女性天皇が結婚した時、その相手をどう扱うのか」という規定がないから、未婚の女性が天皇になっても、結婚のしようがないのです。

誰も彼女の結婚のことを考えていない。だから、至上の地位を与えられているにもかかわらず、その女性天皇の中から「結婚したい」という声が生まれない。「朕《わたし》は結婚をしたいから、そのための制度を作れ」という声が女性天皇の中から生まれてもいいのに、周囲の人間が誰もそのことを考えていないから、「その声を口に出す」という発想が、彼女の中から生まれない。その結果、周囲の人間は「結婚」の二文字を口にすることをタブーのようにしてしまう――現代においても十分ありがちなことが、この奈良時代の天皇において既に起こっているのです。

◎「結婚」という選択肢を持たないままの女帝

内親王が結婚をするのなら、その結婚相手は、彼女と同等かそれ以上の「天皇の血を引く男」に限られてしまいます。だったら、「内親王よりもその結婚相手を天皇にしたらいい」ということになってしまいます。しかもと言うかなんと言うか、持統天皇以来女帝が続いて、新しい親王の誕生がありません。生まれたのは、文武天皇と聖武天皇、聖武天皇と光明皇后の間に生まれた基《もとい》皇子と、県犬養広刀自《あがたいぬかいのひろとじ》との間に生まれた安積《あさか》親王だけです。つまり、孝謙天皇が皇太子になった時代に、彼女の結婚相手にふさわしい彼女と同等の身分である「親王」は、彼女と母を違える弟の安積親王しかいないのです。

孝謙天皇より十歳年下の安積親王は十七歳で死んでしまいます。そのずっと以前の時代なら、孝謙天皇と安積親王の結婚は考えられたでしょうが、「持統天皇の血筋を引く草壁皇子の男子の系統こそが正統な天皇である」と考えられ、その後には「聖武天皇と光明皇后の間に生まれた子供こそが正統の皇位継承者である」というように決められてしまった以上、安積親王と孝謙天皇の結婚はありえません。それは、「安積親王の即位」という結果にしかならないからです。早い話、光明皇后とその周辺からすれば、安積親王は邪魔な存在で、だからこそ「病死」とされる安積親王の死には「毒殺の可能性」だって考えられなくはないのです。

孝謙天皇が結婚をする相手として考えられるのは、女帝の時代以前の天智天皇、天武天皇の皇子達の子供である孫王《そんのう》達です。県犬養広刀自から生まれた井上《いのえ》親王や不破《ふわ》内親王の結婚相手はこちらですが、二十一歳の年に「次代の天皇」と決せられてエリート教育を受けた孝謙天皇が、自分より格下の孫王との結婚を納得するかどうかは分かりません。もちろん、孝謙天皇は誰とも結婚をしなかったので、そんなことを考えるのは無駄なのですが、孝謙天皇に「結婚の可能性」がない以上、そこには、男子女子の別を問わず、子供の誕生はありません。そこで「草壁皇子→文武天皇→聖武天皇」と続いて来た「正統な天皇の血筋」は絶えてしまうことになります。そのことは、孝謙天皇の即位以前にはっきりしていたことですが、これに反対する人間はいなかったのでしょうか？

いたかもしれませんが、これに対する反対の声は誰にも上げられません。なにしろこのことは「絶対の高み」に上ってしまった聖武天皇の御意志なのですから。

「女性の皇太子出現」という事態に対して、朝廷に仕える男達は諸手《もろて》を挙げて賛成ということはしなかったでしょう。どこかに釈然としない思いは残ったでしょう。孝謙天皇の立太子が決まった時、県犬養広刀自が生んだ安積親王は、まだ十一歳ではありましたが健在だったからです。しかし、皇后の生んだ内親王を皇太子とするというのは、聖武天皇のご決定ですから逆らえません。なにしろ、光明皇后の立后の時に説明された「彼女を皇后にする理由」の一つは、

「彼女は皇太子の母だった」なのです。その基皇子は死んでしまっていますが、「皇太子の母だった」という事実を踏まえて彼女が皇后になったのなら、「彼女の生んだ娘」が皇太子になっても、一向に不思議はないのですから。だから、このことに釈然としない人間達は、「じゃ、いずれ女帝の御世にはご譲位があるんだろう」と思って引き下がるしかありません。系図10を見てもらえばわかりますが、「将来の皇位継承候補者」となる「天智天皇や天武天皇の孫」は何人もいるのです。

「いずれ時期が来れば御譲位」と考えてしまえば、「未婚のままの女帝」であっても、当面は差し支えがないのです。そして、そういう男達の考えとは逆に、聖武天皇の御世には、「女性の皇太子大賛成」の意思を示す人もいました。それは、聖武天皇の母親代わりでもあった、伯母の元正上皇です。

独身のまま即位し、その後には太上天皇になり、聖武天皇から崇められる唯一の人となってはいますが、元正天皇はどこかで落ち着かない思いを感じてもいるはずです。なにしろ「独身のまま即位して、結婚経験がないまま天皇としてあった天皇」は、彼女一人なのです。「自分のこのあり方にどこにも問題はないはずだが」と思っても、前例のないまま即位をして「お役目ご苦労さま」で譲位をしてしまった元正上皇は、どこかで落ち着かないはずです。

そこに「史上初の女性皇太子」が登場します。母親の元明天皇が「もういやだから」で投げ出してしまった天皇の座のピンチヒッターになってしまった元正天皇にとっては、「未婚のまま皇太子となって将来の天皇の座が約束されている女性」というのは、自分自身のあり方をもっと力強く肯定してくれる「あってしかるべき、過去の完璧な自分の姿」ともなるのです。「朕《わたし》が上皇としてある時に、朕と同じような女性の皇太子が登場する」と考えてしまえば、孝謙天皇の立太子は「なによりも喜ばしいこと」となります。実際に元正上皇は、そのような発言もしています。

天皇の上に立って天皇に崇められるような太上天皇から、「結構なこと」と認められてしまえば、もう誰にも「女性の皇太子反対！」は叫べなくなるのです。

◎時代はひそやかに「爆弾」を抱える

かくして、孝謙天皇は即位をします。そして、時代はひそやかに「いくつかの爆弾」を抱え込むこととなるのです。

爆弾の一つは、「孝謙天皇の胸の内」にあります。「譲位」という習慣がまだない推古天皇の時代なら、即位した孝謙天皇は「崩御《ほうぎょ》」という最期の時を迎えるまで、天皇のままです。しかし、もう「譲位」という習慣はあるのです。子供を生む機会を持たない孝謙天皇である以上、早晩その「後継者」を決めて、孝謙天皇が譲位をするようになるのは、ほぼ間違いがありませ

《系図10 孝謙天皇の後継候補者達》

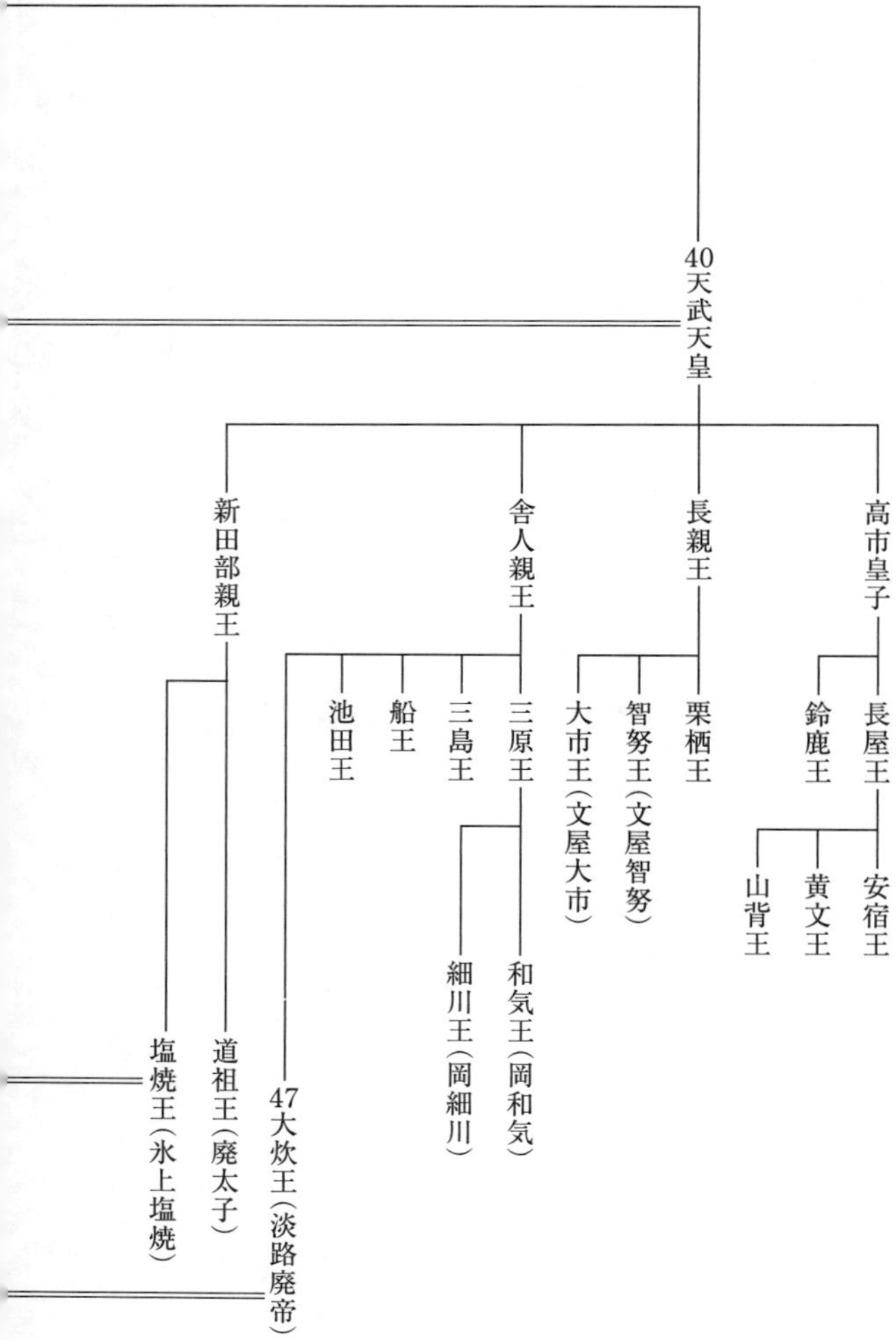

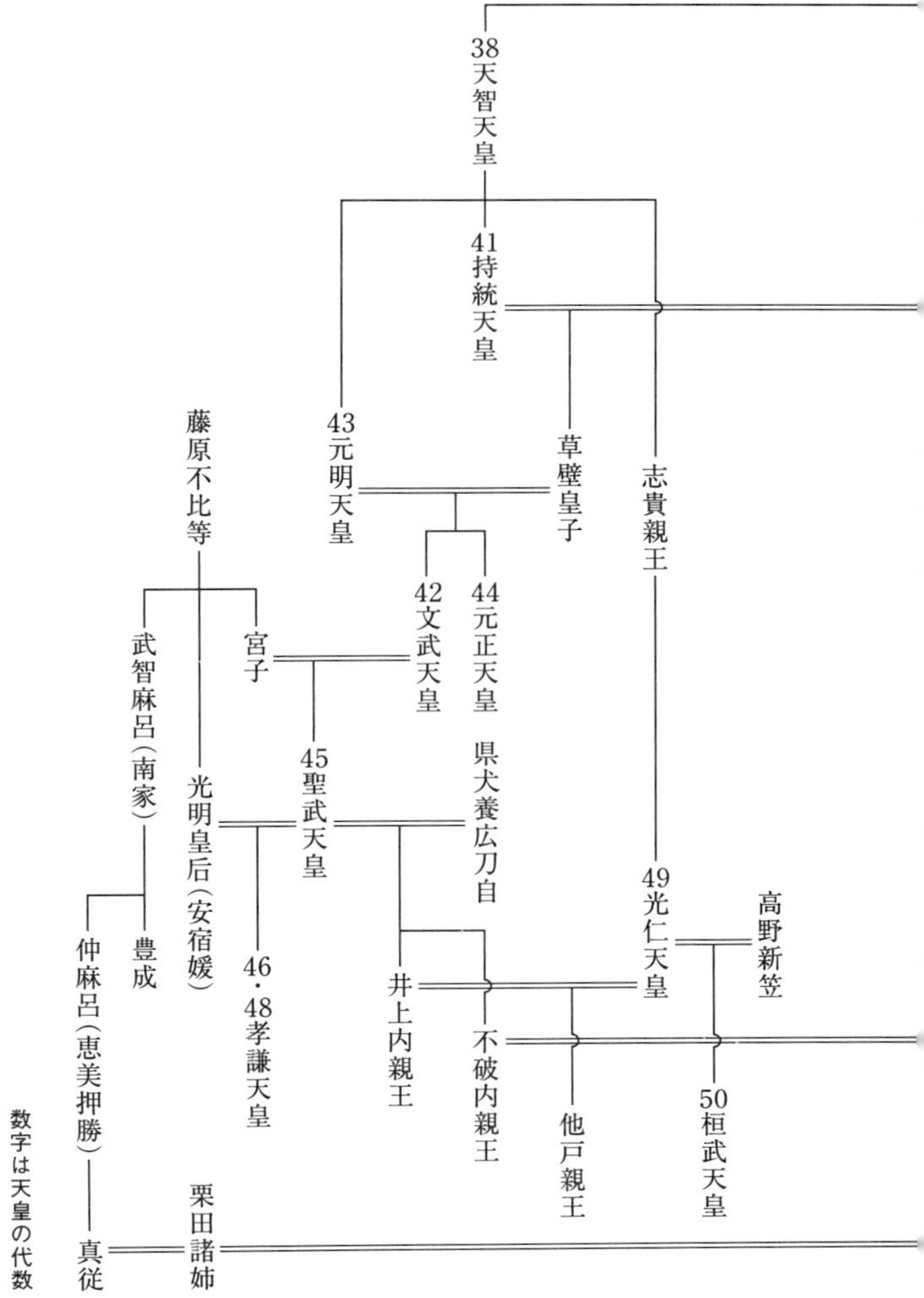
38天智天皇
41持統天皇
43元明天皇
草壁皇子
志貴親王
藤原不比等
42文武天皇
44元正天皇
武智麻呂(南家)
宮子
45聖武天皇
県犬養広刀自
光明皇后(安宿媛)
49光仁天皇
高野新笠
豊成
仲麻呂(恵美押勝)
46・48孝謙天皇
井上内親王
不破内親王
他戸親王
50桓武天皇
真従
粟田諸姉
数字は天皇の代数

ん。つまり、「譲位」ということを前提にしている点において、孝謙天皇は「中継ぎの天皇」でもあるのです。しかし、孝謙天皇は、このことをすんなりと認めるでしょうか？

孝謙天皇は、持統天皇や元明天皇、元正天皇と同様な「中継ぎの天皇」でもあります。しかし、誰かに譲ることを目的として天皇位に即いた前の三人の女帝とは違って、孝謙天皇は譲位を目的とはしません。「いずれ御譲位はあるだろう」とその周囲は思っても、孝謙天皇自身は「朕は中継ぎの天皇なんかじゃない」と思ってもいいのです。どこかの孫王が彼女の後継者として決まっても、「あんな男が朕の後継者になるのはいやだ」と思う権利はあるのです。だから、その事件は実際に起きました。「皇太子」として彼女の後継者になっていた男を排除するのです。それをしてしまう彼女は、後になって、父親の聖武天皇から譲位を受けた際に言われた言葉を口にしますが、それはすごい言葉です。

「天下は、我が子であるお前に譲る。国王を奴《やっこ》にするのも、奴を国王にするのも、お前次第だ。もし、お前の後に天皇になった者がいたとしても、お前に対して無礼な振舞《ふるまい》を見せたり軽視したりするのなら、天皇にしておく必要はない」です。

彼女には「後継者」が必要ではあるけれども、その相手が気に入らなかったら、「ＮＯ！」と言う権利はあるのです。しかし、であるにもかかわらず、彼女の周囲は、「早いうちに後継者を決めておきたい」と思って、「早々なる御譲位」を考えていたりもするのです。

言ってみれば孝謙天皇は、「仕事に生きる」を前提にして、それ以外の選択肢を捨ててしまっているにもかかわらず、どこかよそから「定年」とか「中途退職」の要望をちらつかされている「働く女性」なのです。

もしも彼女が男の天皇なら、その生涯の最期まで「天皇であること」をまっとう出来ます。でも、「天皇になる」ということを二十一歳で決定づけられた彼女は、そうでありながら「途中でその地位を退いていただく」ということを、暗黙の裡《うち》に了解されてしまっているのです。これが一九八〇年代以前なら、孝謙天皇のあり方が人に理解されるのはむずかしかったでしょう。しかし、その後の時代ならはっきり分かります。孝謙天皇は、「男女の機会均等」を前提にしながら、その状況整備がいい加減だったために「中途退職」を余儀《よぎ》なくされる女性なのです。今から千二百年以上前に「初の女性差別」を実感させられることになるのが、この孝謙天皇なのです。

もしも孝謙天皇が「中途退職」や「定年」を拒んだらどうなるのでしょう？　「女帝の時代で女の時代」である奈良時代の騒がしさの後半部分が出現するだけです。

孝謙天皇の時代に「皇位継承者をめぐる駆け引き」がひそかに起こることは、簡単に想像出来ます。それがなぜ「ひそかに」であるのかと言えば、「天皇になる」という栄光の下にエリート教育を受けて天皇になった彼女に、「この仕事を辞めたい」と言い出す必然がないからです。天皇は辞めるつもりがない。でも、周囲の人間は、「天皇にはいずれ辞めてもらわなければならない」と思っている——そのギャップが、時代を騒がせる「爆弾」の一つとなるのです。

◎橘《たちばなの》奈良麻呂《ならまろ》という人物

もう一つの「爆弾」は、遷都騒ぎを繰り返した聖武天皇によってもたらされた「社会不安」「政情不安」というところから出て来ます。

九州で起こった藤原広嗣《ひろつぐ》の乱をきっかけとして奈良の都を逃げ出した聖武天皇は、都を転々と遷《うつ》し続けます。それが無意味な遷都であっても、どこか一カ所に落ち着いてくれればいいのですが、聖武天皇の不安定な心理を映すように、都は「恭仁《くに》だ、信楽《しがらき》だ、難波《なにわ》だ」と転々として、ついには聖武天皇自身もどこを都にしていいのか分からなくなったようで、朝廷の男達に「恭仁と難波とどっちがいいか？」という多数決を取らせるということにもなります。

民意は「恭仁の方がいい」であるにもかかわらず「やっぱり難波だ」と決めて遷都を決行し、にもかかわらず自分は、大仏建設中の信楽に戻るというわけの分からないことになります。当然、財政支出はかさんで「どうして奈良の都じゃいけないんだ？」という疑問を持つ人間だって出て来ます。奈良に都を戻したのは、聖武天皇一行のいた信楽に地震が頻発して、山火事さえも連続して発生したという自然条件のためですが、しかし奈良に戻ったからといって、一件落着というわけにはいきません。

五年の間見捨てられていた奈良の都は荒廃して、家を失ったままの人間も大勢います。盗賊の類も横行しています。であるにもかかわらず、東大寺での大仏建設が始まり、財政支出はかさむ一方です。奈良に戻った聖武天皇は、それまでの心労が祟《たた》って病気となり、女性皇太子への譲位が現実問題となって来ます。

冷静になって考えてみれば、世の中はメチャクチャで、その原因は絶対権力者となっている聖武天皇のわがままです。だから「譲位」ということが起こりそうになった時、当然「我々の手で新しい天皇を立てて、世の中の改革を進めよう」という人間達だって出て来ます。日本で最初の革命家の登場のようなものですが、その中心となるのが、橘奈良麻呂という人物です。

橘奈良麻呂は、系図9に登場しています。県犬養橘三千代が藤原不比等と結婚する前、美努王との間に生まれた橘諸兄《もろえ》を父として、母は、祖母の三千代と藤原不比等との間に生まれた光明皇后の妹——藤原多比能《たひの》です。父の諸兄は、その以前「葛城王《かつらぎ》」という存在でした。父が美努王だから彼も「王」なのですが、しかし、母の三千代が死ぬとその姓の「橘」を名乗って、王から臣下の身分になります。「母の姓を継ぐ」という珍しいあり方をしたのが橘諸兄ですが、そのことによって、息子の奈良麻呂は「藤原氏と橘氏のハーフ」というような存在になりました。

父の諸兄は、聖武天皇より十七歳年上ですが、その一人息子の奈良麻呂は聖武天皇より二十歳年下です。橘諸兄と聖武天皇と橘奈良麻呂の三人は、「祖父、父、子」というような年代構成になるのですが、奈良麻呂の父諸兄は、聖武天皇にとって「唯一の信頼出来る男」でもありました。奈良の都を逃げ出した聖武天皇は、恭仁の近くにあった橘諸兄の別荘にまず腰を落ち着けて、「この近くに都を遷そう」と考えるのですから。

聖武天皇は光明皇后を頼りにしてはいますが、聖武天皇を驚かせた藤原広嗣は、彼女の甥です。「どうも藤原の一族は油断が出来ない」と思う聖武天皇にとって、疫病で揃って世を去った藤原の四兄弟と世代的に近い橘諸兄は、頼り甲斐《がい》のある相談相手になります。しかも、橘諸兄は聖武天皇の言うことに逆らわない従順な人間なのです。だから、橘諸兄は、聖武天皇の朝廷で左大臣という№1のポストを得ます。だからこそその一人息子の奈良麻呂は不満なのです。「世の中はおかしい。その原因は聖武天皇にある。自分の父親は、その朝廷の№1であるにもかかわらず、聖武天皇に意見もせず、ただ言いなりになっている」――そう思うことによって、橘奈良麻呂は「日本で最初の革命家」になるのです。と同時に、彼は日本で最初の「オヤジはなんにも分かってないんだ！」と思う反抗息子になるのです。

「なんとかしうる立場にある父親はなんにもしない。だから、代わって俺がなんとかする！」と、息子の奈良麻呂は考えます。孝謙女帝が即位した年、奈良麻呂は二十九歳で、その「革命への意志」が育ってしまった結果、彼が三十七歳になった八年後に「橘奈良麻呂の乱」は起きるのです。

彼の「反抗の意志」あるいは「変革への意志」を持続させ、行動計画へと進ませたものは、「女帝への嫌悪」ではありません。そうなるように導く「もう一つの爆弾」が孝謙天皇の時代にはあったのです。それが藤原仲麻呂（恵美押勝《えみのおしかつ》）という人物です。

◎藤原仲麻呂と光明皇太后

藤原仲麻呂は、藤原不比等の長男——藤原南家の祖である藤原武智麻呂《むちまろ》の長男です。南家を継ぐのは、彼の兄の豊成《とよなり》で、豊成と仲麻呂の関係は、穏健だった父の武智麻呂と藤原北家の祖となった切れ者のその弟房前《ふささき》との関係に似ています。仲麻呂は、頭の切れる陰謀家なのです。

仲麻呂は、「自分の方が兄より優れている」と思っています。でも、朝廷の序列は兄の方が上です。仲麻呂は「不遇」を嚙《か》みしめなければなりません。だから仲麻呂は、「兄は天皇のいる朝廷で自分より上に立つ。である以上、自分は——」という考え方をするようになるのです。

仲麻呂の栄達は「天皇を頭に戴く朝廷」とは別のところにあります。そんなものがあるのかと言えば、仲麻呂の前にはありました。譲位した聖武天皇の后で、即位した孝謙天皇の母親である光明皇太后です。譲位する聖武天皇は、光明皇太后を、即位する娘の後見役としたのです。

父親は現役を引退して、「娘のことは頼んだよ」と妻に言ったのです。藤原仲麻呂が力を得る道は、その「天皇の後見役」である皇太后の役所にあったのです。

それ以前、譲位した天皇の上には「後見役としての女性上皇」がいました。だからどうかは知りません。しかし、譲位した聖武天皇は「娘の後見役」にはならず、その役を皇太后となった妻に任せるのです。だから、光明皇太后が死ぬまで、「孝謙天皇の時代」は「光明皇太后の時代」ともなっているのです。

◎皇太后の時代

聖武天皇が譲位をした天平二十一年には改元が二度あったということは既に言いました。「天平」の二文字を冠した「天平感宝《かんぽう》」と「天平勝宝《しょうほう》」です。どちらにも登場する「宝」の文字は、「黄金」を表します。

譲位を間近とする時期の聖武天皇は、東大寺の大仏が完成することしか考えられず、その聖武天皇の最大の悩みは、大仏の全身に塗る黄金の調達がうまくいかないことでした（その昔、奈良の大仏は全身に黄金が塗られていたのです）。天平二十一年の一月、聖武天皇はもう出家をしてしまっていて「現世のことはどうでもいい」という状態になっていたのですが、唯一の心残りがこの黄金の不足です。ところが、その翌月には「東北で金が発見された」という報告が届きます。

四月には、鋳造途中の大仏の前で「金の産出」が報告されて「天平感宝」と改元――その四カ月後の七月（この年には閏《うるう》五月があるので〝四カ月後〟です）には、聖武天皇が譲位して「天平勝宝」への改元です。前にも言いましたが、一年に二度の改元で、しかもその年号が四文字のものなどという前例は、日本にはありません。譲位前の聖武天皇が「天平感宝」としたのなら、孝謙天皇はその年号を引き継いだっていいのです。それなのに、どうしてたった四カ月で再び改元などが起こったのか？　それこそが、この時代のありようを解く鍵です。

二度の改元で、しかもそれが四文字年号というのは、日本には前例がありませんが、中国にはあります。中国唯一の女帝、武則天《ぶそくてん》が即位をした時にそれをしました。

中国には、女帝を認める習慣がありません。それで、唐の三代目皇帝高宗《こうそう》の妻だった武后は、「唐」の国号を廃して、女帝を容認する「周《しゅう》」という新たな王朝を作ってしまいました。それがいつの頃かというと、奇しくも、日本で持統天皇が即位をした年です。武則天が死亡するのは、持統天皇が死んだ三年後で、「周」という王朝は間もなくなって「唐」に戻りますが、この時代は日本と中国の両方に女帝がいた、珍しい時代なのです。

「この国のシステムが女帝を容認しないなら、システムそのものを変えてしまえ」と考えて唐を廃止して周にしてしまう武則天は、「文字もまた男の思考によって生まれたものだ」と考えて、象形文字の漢字さえも改変してしまうというラジカルな考え方をした人ですが、どうも日本では、そういう人を「中国の女性皇帝」とはあまり考えません。だから、皇帝の名である「武則天」よりも「后として政務を取った」と考えて、「則天武后《そくてんぶこう》」ということにしてしまいます。彼女は、夫である高宗の死後「息子を帝位に即けては廃する」ということをして皇帝となったので、「皇太后が天下を取った」というように考えられてしまうのです。聖武天皇が譲位をし、孝謙天皇が即位をした時代は、この則天武后の時代を典拠として出来上がる「皇太后の時代」なのです。

「即位した女性天皇の後見役として、聡明にして経験豊富な生母の皇太后がいる」ということは、別に悪いことではありません。即位した女性天皇は既に三十二歳ですが、母后を尊敬する心が篤《あつ》いので、それをいやがることもありません。ということはつまり、孝謙天皇には、「母親の言うがままキャリアウーマンになってしまった女のマザコン」という一面も隠されているということです。だからこそ、五十歳になって道鏡《どうきよう》への「恋」に溺れてしまった女性は、母皇太后の象徴となっていた「天平」の二文字を年号からはずし、「天平神護《てんぴようじんご》」を「神護景雲《じんごけいうん》」と改めることになるのです。四文字の年号は、中国の女帝の時代のものですから、そのあり方を範とする孝謙天皇は、四文字年号を改めません。でも、「偉大なる母」を意味する二文字は、抹消されるのです。ある意味で「遅すぎた自立」と言えなくもありません。

◎女帝も皇太后も悪くはないのに、陰謀ばかりはひそかに進む

女帝の時代の不思議は、「女帝が悪いことをしているわけでもないのに、そこには明らかに〝陰謀〟があって、それがひそやかに進む」ということです。だから女帝の時代は分かりにくいのですが、孝謙女帝の時代は、そのことが明白になってしまう時代です。だから孝謙天皇は、「自分を成り立たせていた時代の矛盾」と、真っ正面から衝突することになるのです。それが、橘奈良麻呂の乱の七年後に起こる藤原仲麻呂の乱――武則天の時代の中国のあり方に影響されて、やたらと名前をいじくり回した時代なので、仲麻呂は「藤原《ふじわら》恵《え》美押勝《みのおしかつ》」を名乗り、そのためにこれは「恵美押勝の乱」とも言います。

孝謙天皇の時代は、光明皇太后の信任を得た藤原仲麻呂が、「天皇の下にある朝廷に所属する男達を支配して行く」という第一段があります。これに抗して起こるのが橘奈良麻呂の乱で、「藤原仲麻呂に騙されていた」と気づかない孝謙天皇が、仲麻呂の擁する皇位継承者に譲位をし、やがて仲麻呂の敵対心に気づいて兵を挙げる、第二段の「藤原仲麻呂の乱」という二部構成になっていて、その後に、絶対の権力者となり、しかし道鏡との恋を思いあきらめて死んで行く最終段階を迎えます。

女性であろうと男性であろうと、この時代の天皇は、すべての頂点に立った存在です。だか

ら、その人の意思は「絶対の命令」となって、「天皇の陰謀」などというものは存在しえません。しかし、天皇のあり方にはギャップがあります——だからこそ、その隙間に「陰謀」の存在する余地もあるのです。もちろん、その「陰謀」は「天皇寄り」であるようなものです。だからこそ、その「陰謀」は表立たずひそやかで、「天皇の利得」に合致している間は「隠謀」とはなりません。しかし、これが一歩進んでしまったら、どうなるのか？

「女性天皇とその生母の皇太后」という、この権力中枢が双《なら》び立って、しかもこの二つが「仲睦まじい」という関係にあるからこそ、その隙間で「天皇を排除する陰謀」も起こりうるのです。

光明皇太后がいて孝謙天皇がいた「女帝の時代で女の時代」でもあったその時は、同時にまた「藤原仲麻呂の時代」でもあって、二人の女性権力者に仕えていたこの男が、根本のところで「独身のまま権力をふるう誇り高き女性をバカにしていた」というドンデン返しがあって、女帝の時代は終わってしまうのです。

◎藤原仲麻呂の権力掌握

聖武天皇の譲位を受けて孝謙天皇が即位をすると、すぐに「紫微中台《しびちゅうだい》」という光明皇太后のための役所が新設されます。皇后になった人のためには皇后宮職《こうごうぐうしき》という役所が作られて、

「皇后の世話をする」ということをします。その皇后が皇太后になれば皇太后宮職という役所に代わりますが、紫微中台は、パワーアップされた皇太后宮職です――と言っても、律令下で初の皇后が光明皇后で、初の皇太后も彼女ですから、パワーアップもヴァージョンアップもありませんが、中国の皇帝の下にある役所名からインスパイアされて出来たのが紫微中台ですから、これがただの「皇太后様にお仕えする役所」ではありません。「即位の孝謙新帝の政治を輔佐《ほさ》する役所」という色彩を備えています。この役所の長官は、当然藤原仲麻呂です。

天皇に仕える朝廷の中枢となる機関は太政官《だいじょうかん》で、ここには左大臣の橘諸兄や、右大臣となった仲麻呂の兄の豊成以下、御世の主立った男達が所属しています。ここでの仲麻呂のポストは、兄の豊成の下の大納言ですが、それとは別に「天皇の後見をする皇太后のための政務機関」が作られて、仲麻呂がその長官になってしまえば、もう話は別です。権力中枢は二つになって、「天皇のためを思う皇太后の政務機関の長官」になってしまった仲麻呂は、「皇太后の院政を代行する男」になってしまいます。つまり仲麻呂は、太政官が形成する序列とは違うところに存在する「別格」になってしまうのです。

そういう位置を確保しておいて、「新しい女性天皇のためを思う」であるのか「思わない」のかがよく分からない政治がスタートします。「ためを思わない」の第一は、孝謙天皇の参謀ともなりうる家庭教師、吉備真備《きびのまきび》の左遷です。中国帰りの知識人である彼は九州に飛ばされ、続けて遣唐使の副団長として中国へ送られてしまいます。吉備真備にとっては、「また中国で新知識を得られる」であるかもしれませんが、帰国した吉備真備は、「外国で得た新知識をそこで活かせ」という名目でもあるのか、それ以来ずーっと、外国相手の九州大宰府勤務です。

そうやって、女帝の相談相手になりうる吉備真備を追っ払っておいて、もう一方で「女帝のためを思う政策」もスタートします。独身の女帝の地位を確かなものとしておくために「余分な皇位継承候補者」となりそうなものの排除が始まるのです。つまり、孫王から「王」の身分を奪って、臣下の籍に移すのです。

一方では女帝を孤立無援にし、天皇の下にある太政官は有名無実化して行きますが、しかしここに「なにもご心配には及びません。お母様はしっかりなさっておいでです。皇太后をお頼りになれば、世の中は安泰でございますよ」の一言があれば、孝謙天皇は安心です。それに異議を唱えるのは、「大切なお母様のご意向に背くこと」になってしまいます。そのような形で、孝謙天皇の治政は、皇太后を頂点とするシステムの一元化へ向かって行ったりもするのです。

だから、「今の朝廷のあり方はおかしい」という声も、ポツリポツリと登場します。この間、父親の聖武上皇はまだ健在ですが、格別になにかをしたという形跡もありません。譲位の四年目に大仏が完成し、その開眼《かいげん》供養があって、三年後に聖武天皇は「病中の人」となります。

聖武上皇がそういう状態になると、聖武上皇の側近でもあった左大臣の橘諸兄に「謀叛に近い無礼な言葉があった」として、その追い落としが計画されます。光明皇太后と孝謙女帝の時代は、いかにも「女の時代」にふさわしい「お上品な時代」で、「言動が無礼だった。朝廷を誹謗《ひぼう》するものだ」という、かなり抽象的な「謀叛容疑」が登場するのです。時代は、「管理社会」という新しい段階に入って、それゆえに、男達はかなり息苦しくなっているのです。

開眼供養の四年後、五十六歳になっていた聖武上皇は世を去ります。「その言動が問題だ」と言われながら、聖武上皇から「まァ、いいさ、そんなことに目くじらを立てるな」と許され、左大臣を辞任するだけですんでいたお気に入りの橘諸兄も、その翌年には世を去ります。そうして「古い男達の時代」は終わって行くのですが、それでも「男の時代」をかろうじて守っていた聖武天皇は、ある明確な意思表示をして死んで行きます。それは、その時まで誰も問題にしていなかった、孝謙天皇の後継者指名なのです。

その後継者の名は道祖王《ふなと》――天武天皇の孫で、天武天皇と藤原鎌足の娘五百重娘《いおえのいらつめ》の間に生まれた新田部《にいたべ》親王の子です。藤原氏の血を引く新田部親王は、藤原不比等が健在の時代、天皇側に立ってよく協力していた人物なので、聖武天皇も「彼なら反対はないだろう」と思っていたのでしょう。しかし、これが大問題を惹き起こすのです。

◎廃太子事件と橘奈良麻呂の乱

聖武上皇が死んで一年もたたない天平勝宝九年（七五七）の三月です。前年に皇太子となった道祖王（本来なら「道祖親王」であるはずですが、『続日本紀』の中にその記述はありません）の廃太子事件が起こります。その理由は「聖武上皇の一周忌も過ぎないのに、道祖王の女遊びが止まらない」です。道祖王の年齢は明らかではありませんが、その年四十歳になった孝謙天皇とほぼ同じ年頃と考えられます。

「災難」というのは、道祖王でしょう。いい年をした一人前の男で、「定まる妻がいた」という記述もありません。そうした人が「皇太子になった！」と思って、宮中の若い女に手を出してしまう。そして、異性関係に潔癖な（というかナーヴァスにならざるをえない）独身の女帝から注意を受けるのです。「どうしてあなたは、そういういやらしいことがやめられないの！」と怒られること再三で、いやけがさしてしまった道祖王は、「私のような臣下の身分の者に、皇太子の重責には堪えられません」と言って、宮中を出て家に帰ってしまったといいます。誇り高く真面目な孝謙天皇としては、「いくらお父様のご遺志ではあっても、あんな薄汚い中年男が朕《わたし》の後継者だなんて、堪えられない」というところでしょう。かくして道祖王は皇太子を廃され、新たなる皇太子選出会議が開かれるのですが、もちろん、この事件の裏には「陰謀」

があります。

いくら気に入らない男であっても、道祖王を皇太子にするのは、聖武上皇の遺言です。そう簡単に「太子を廃する！」というわけにはいきません。だから、孝謙天皇は散々迷ったのでしょう。そこで「奇蹟」が出現します。孝謙天皇の御殿の天井近くに「天下太平」の四文字が忽《こつ》然《ぜん》と出現して、そのことによって道祖王の廃太子は「議案」として浮上します。どうして「天下太平」の四文字が出現すると「廃太子問題」が議論の対象になるかというのが、この女帝の時代のわけの分からなさですが、はっきりしているのは、「奇蹟」というものが出現しなかったら「廃太子問題」は議論の対象にならない——それくらい孝謙天皇は迷っていたということです。

やがて孝謙天皇は、「国王を奴にするのも、奴を国王にするのも、お前次第だ」と言われて聖武天皇から譲位を受けたという発言をしますが、この段階ではまだそれほどの自信がありません。迷っています。だから「奇蹟の文字の出現」を見た孝謙天皇は、主立《おもだ》った人間達を呼び集めて、これを見せます。そして、「この奇蹟の出現には重大な意味がある」というよく分からない声明さえも出します。孝謙天皇は迷っていて、その背中をプッシュするものが必要だった——それが「あなたの治める天下は太平なのだ。あなたの思う通りにやりなさい」とも解される「天下太平」の四文字なのです。

この「奇蹟」が孝謙天皇の自作自演でないことだけは明らかでしょう。孝謙天皇が「天の啓《けい》示《じ》」というものに弱い、真面目だが迷いやすい面を持っているということを知る者の犯行であることは間違いありません。その犯人が誰かということは、後の経過が教えてくれます。

道祖王の廃太子が決まると、新たなる皇位継承者の選定会議です。集まった男達は「ナントカ王がいい」と口々に言いますが、新皇太子の条件は「親孝行で、女癖が悪くない」というむずかしいものです――それが女帝のご意向なので、仕方がありません。「ああだ、こうだ」の末に決まるのが、舎人《とねり》親王の末息子である大炊《おおい》王――後の淡路廃帝です。彼が将来において天皇であることを廃される理由も既にこの時点で明らかで、彼は、藤原仲麻呂の邸に通っていた男なのです。

「仲麻呂の娘に恋して通っていた」というのならまだ分かりますが、大炊王は仲麻呂の邸に留まっていた「死んだ長男の嫁」のところへ通っていたのです。死んだ仲麻呂の長男の名は真従《まより》と言いますが、つまるところ大炊王は「仲麻呂の家に通って来ているからいい」なのです。

仲麻呂は「死んだ長男の嫁」を使って大炊王を釣り上げ、道祖王を嫌っている孝謙女帝の背中をプッシュして、皇太子の交代を実現するのです。そして、大炊王が新皇太子となった翌月の五月には「内裏《だいり》の改修」を名目として、孝謙天皇や光明皇太后、新皇太子の大炊王を自分の邸に遷してしまうのです。仲麻呂が孝謙天皇や光明皇太后の絶大なる信頼を集めて、それをすべて自分の掌中にして権力体制の一元化を図っているのは明らかです。

光明皇太后や孝謙天皇がこのことをどう考えているのかは別として、外から見れば「仲麻呂の陰謀」は明らかです。だから、ペンディング状態になっていた橘奈良麻呂のクーデター計画は、ようやく現実のものとして動き出すのです。

◎女帝の時代の無残

クーデター計画は、女帝一行が仲麻呂の邸に遷った翌月には動き出しますが、すぐに潰れます。潰れて一網打尽《いちもうだじん》で逮捕ということになれば話は簡単ですが、女帝の時代で皇太后の時代であるこの時は、もっとややこしくて残酷です。クーデターの参加メンバーも、そうでないメンバーも、朝廷の主立った男達は孝謙天皇の御前と、更には光明皇太后の御前にも呼ばれて、お説教をされるのです。

「つまらない噂を聞いて、嘘だとは思うけれども、無駄なことはやめなさい。今なら平気で聞き流せるけれども、心を入れ換えないと、法というものは許さないのよ」と孝謙女帝は言い、光明皇太后は、「お前達の多くは私の甥で、みんな血はつながっている。それなのにこんな騒ぎを起こすなんて。どうして仲よく出来ないの」と言います。つまり、仲麻呂にはなんのお咎《とが》めもなく、仲麻呂以外の主立った男達が集められて、言われるところは「仲麻呂と仲よくしなさい」で、つまりは「仲麻呂に従いなさい」なのです。

もちろん、これでクーデター計画がストップするわけもなく、「仲麻呂と新皇太子を殺し、新天皇を擁立する」という計画は進みますが、またしても洩れます。洩れて、クーデター計画の主謀者とされる橘奈良麻呂以下五人は、またしても皇太后の御前に呼ばれて、「お前達に恨まれる理由はありませんよ。今は許してあげるから、二度とつまらないことをしないように」と、またご説諭を受けます。橘奈良麻呂の母は光明皇太后の妹ですから、奈良麻呂も当然「皇太后の甥」です。女帝や皇太后は、「朕達のいる時代に、みんなが仲よく出来ないはずはない」と思い込んでいるので、こういうことの繰り返しになるのです。

奈良麻呂達は一度は放免されて、しかし改めて取り調べが始まり、「白状しろ！」の拷問の結果、罪状がはっきりして刑が言い渡される前に、主謀者はみんな死んでいます。しかし、処罰方針は「死刑を避けて減刑」ということになっていて、新帝候補とされていた長屋王の子の黄文王《きふみ》（長屋王の正妻の吉備内親王とその子達は、長屋王の変の時に死んでいますが、長屋王にはもう一人長娥子《ながこ》という藤原不比等の娘が妻としていて、ここから生まれた黄文王等は案の定無事でした）や、廃太子となった道祖王は、それぞれ名前を「タブレ（狂人）」「マトヒ（惑乱）」と改められて「死亡」です。

孝謙女帝は、「憎むべき相手に汚い名前をつけて辱める」という憎悪の仕方をする人ですが、その特徴はこのあたりから歴然となります。橘奈良麻呂の乱が終結した後に再び「天皇の治世の素晴らしさを称える奇蹟の文字」は出現した、「いやな者にはいやな文字を与え、いい文字なら称えて光惚とする」というのが彼女のあり方で、だからこそこれを理由にして、乱のあった天平勝宝九年は「天平宝字《てんぴょうほうじ》元年」と改元されます。女帝は「文字」に敏感で、藤原仲麻呂は、そのことをよく知っているのですが、「宝字」の二文字の内実は、かなり無残なものです。

◎破局の到来

橘奈良麻呂の乱は収束し、それで平和になったかどうかは別として、天下の一切は藤原仲麻呂の下に集められます。翌天平宝字二年になると光明皇太后は病気になり、「親孝行」を第一とする孝謙天皇は「皇太后の看病」を理由にして、大炊王に譲位をします。光明皇太后に「天《てん》平応真仁正皇太后《ぴょうおうしんにんしょうこうたいごう》」の称号が贈られるのもこの譲位をきっかけとするもので、藤原仲麻呂も「藤原恵美押勝」となります。この時代は、「文字にこだわり、独特に中国風」という時代ですから、天皇の名前さえも変わっています。孝謙天皇の正式称号は「宝字称徳孝謙《ほうじしょうとくこうけん》皇帝」で、聖武天皇は「勝宝感神《しょうほうかんしん》聖武皇帝」で、「天皇」ではなく「皇帝」なのです。孝謙天皇は、即位した大炊王を廃帝にして重祚《ちょうそ》をします。だから、その前半を「孝謙天皇」、重祚以後を「称徳天皇」としますが、この天皇の称号は一つで、彼女自身は「重祚した」という自覚も「譲位した」という自覚もあまりないのです。ただ「いやな時期が一時あった」というくらいのものでしょう。

譲位から二年たって、光明皇太后は死亡します。そして、仕事に生きた孝謙上皇は、手持ち無沙汰になりますが、気がつくと、時代はへんな方向に進んでいます。大炊王を擁立した仲麻呂が、孝謙上皇を無視するような方向で、時代を進めて行くからです。光明皇太后死後の藤原仲麻呂は、もう明らかに「バカらしくって、女の言うことなんか聞いてらんねェよ」という方向に進んでいるのです。しかも、そうなってしかるべき動きが、海の向こうの中国では起こっていました。

◎たとえば「安禄山《あんろくざん》コンプレックス」というようなもの

藤原仲麻呂の時代の中国は、もちろん則天武后——武則天の時代ではありません。「唐」の国号は回復されて、楊貴妃《ようきひ》とのロマンスで有名な「玄宗《げんそう》皇帝の時代」になっています。「玄宗皇帝と楊貴妃のロマンス」が日本で有名になるのは、白楽天《はくらくてん》の長篇詩『長恨歌《ちょうごんか》』によるものですが、これが出来上がるのは平安時代になってからのことです。藤原仲麻呂の時代は『長恨歌』以前で、リアルタイムで「安史《あんし》の乱」と言われるものが起こっている時代なのです。

孝謙天皇が即位して七年目の天平勝宝七年、中国では安禄山が兵を挙げます。翌年には、その兵が帝都長安《ちょうあん》まで迫って、玄宗皇帝は都落ちをして、楊貴妃は命を落とします。その翌年には、安禄山もその息子によって殺されてしまいますが、それが日本では橘奈良麻呂の乱があった年——つまり、二人の女性権力者の下で、藤原仲麻呂が「すべての男達を従える権限」を獲得した年なのです。

安禄山が死んでも中国の騒乱は鎮《しず》まらず、今度は安禄山の盟友史思明《ししめい》の反乱です。史思明もまた息子に殺され、父を殺した史朝義《しちょうぎ》が首を吊《つ》って「安史の乱」と言われるものが終わるのが、藤原仲麻呂と譲位後の孝謙上皇が激突する「藤原仲麻呂の乱」の前年です。「中国での大事件」は、朝鮮半島経由で日本に伝えられますが、それが、孝謙天皇が譲位した年の終わりです。

既に安禄山は死んでしまっているのですが、そのあたりは不明確なまま「中国本土の争乱」だけが伝えられて、早速仲麻呂は、左遷された吉備真備のいる大宰府に「対外防衛」を命じます。なんとかして詳しい中国の情勢を知ろうとして、仲麻呂の中には「防衛」とは反対の考えが生まれます。「中国本土が騒がしい内に朝鮮へ兵を送り、新羅《しらぎ》を侵略してしまおう」という発想です。この計画は、飢饉や疫病の流行などで遅れて、結局は立ち消え状態になってしまうのですが、大炊王という「男の天皇」を擁立した仲麻呂が「武装」という方向へ進んで行くことだけは動きません。女達の間で「ご機嫌伺い」のようなややこしいことをやっていた仲麻呂の中で抑圧されていた「男の本能」が、遠い中国の安禄山の反乱に触発されて、目を覚ましたのでしょう。もう仲麻呂は「ひそやかな陰謀を仕掛ける男」ではなくて、「武力を集め、女上皇を平然と無視する権力者」になるのです。

◎戦う女帝の孤独

仲麻呂とその傀儡となった淡路廃帝は、孝謙上皇の存在を無視して、都を琵琶湖近くの保良《ほら》に遷そうとします。遷都ということになって、孝謙上皇も新しい保良京にやって来ますが、天皇と上皇の間に「不和」が起こって、孝謙上皇はさっさと平城京へ帰ってしまいます。どうやらこの頃には、彼女の看病禅師《かんびょうぜんじ》になっていた道鏡との間で「へんな噂」が囁《ささや》かれていたようです。

孝謙上皇は「失礼ねッ！」と怒って奈良に帰ってしまう。そのままなら、天皇と上皇の仲は「決裂」なのですが、長いキャリアを誇る女性上皇と、彼女より十五歳も年下の新米天皇とでは重みが違います。上皇が奈良へ帰ると、傀儡天皇もまた「すみませんでした」と申し訳を言うように、奈良の地へと戻ります。そうして、保良の新京は廃都です。

都へ戻った孝謙上皇は相変わらず怒っていて、「朕《わたし》は国家の大事を担当して、裁判権も握ります。あなたは、儀式の出席や小さなことだけを担当してなさい！」と宣言して、出家をしてしまうのです。道鏡との間で「なにか」が生まれているのは確実です。

藤原仲麻呂にとって、孝謙上皇は歴然と厄介な存在となり、新羅遠征よりも、上皇の実権を奪う方が重大事です。これを察知した上皇側が、仲麻呂＋天皇の側にあった天皇の御璽《ぎょじ》（つまり印鑑です）と駅鈴《えきれい》（地方との連絡用の交通手形の類）を奪い取り、仲麻呂側と戦闘を始め、実務命令を出すための太政官印だけを持った仲麻呂は、一族と「新たなる傀儡候補の元王」を引き連れて、都を出ます。哀れな傀儡皇帝は、都に置き去りです。

この戦闘に女帝側は勝って、譲位した孝謙上皇はすべての権力を取り戻します。「国王を奴にするのも、奴を国王にするのも朕次第よ！」と宣言するのもこの時で、天皇となった若い大炊王は、帝位を剝奪《はくだつ》されて淡路島へ流されます。そうして「出家した天皇の重祚」という異例の事態が起こるのですが、もう孝謙女帝はなにも気にしません。気にすることはただ一つ、自分がもう若くはなくて、「後継者」を必要としていて、それが存在しなくて、孤独だというそのことだけです。

孝謙女帝と道鏡との間に、果して肉体関係はあったのかという微妙な問題もあります。「宗教的な法悦状態を感じていたから、女帝と道鏡との間に肉体関係はなかった」と考えてもいいのですが、平安時代に出来上がった『日本霊異記《にほんりょういき》』という本には、興味深い話が載っています。それは、「道鏡と孝謙女帝が肉体関係を持ったのは、仲麻呂の乱の翌年の天平神護《てんぴょうじんご》元年

（七六五）だ」というのです。

その「関係」があるのなら、もっと早くてもいいはずですが、それがどうしてこの年になるのでしょう？　この年、女帝は四十八歳になります。そして、皇位継承者を誰とも決めず、「皇位継承者を誰にすればいいかなどと、勝手に議論してはならない」と命令しています。注目すべきはその時の言葉で、「皇太子は天地《あめつち》の神の決めるもので、朕《わたし》だって天意にかなう人の出現を待っている」とも言うのです。

やがて孝謙女帝は、道鏡を皇位継承者と考えるようになってしまいますが、もしかしたらこの段階では「道鏡との間に子供を作れたら」というような考え方をしていたのではなかったのか――『日本霊異記』の記述は、それを踏まえてのことではないかとも考えられるのです。この年以降、道鏡への女帝の接近は露骨になり、道鏡の側からの「奇蹟の演出」も盛んになります。「道鏡のための寺を造りたい。道鏡のための御殿を宮中に造りたい」と思うようになった女帝は、天平神護三年になって「天平」の二文字をはずし、神護景雲と改元します。そして、道鏡に譲位をしたいと思い、道鏡のためにもう一つ都を造りたいと思って、結局それがならぬまま、五十三歳で病に倒れ、そのまま帰らぬ人となります。

病の床に着いた孝謙女帝は、それから死ぬまでの百日余り、道鏡はもちろん、誰とも会わぬまま、老いた女官の吉備真備《きびのまきび》の妹一人をそばに置いて過ごします。「意味のない恋をしていた。

一体、朕はなにをしていたんだろう」というのが、古代最後の女帝の死に至るまでの胸の内だったでしょう。

◎女帝の時代の「その後」は——

孝謙女帝が死んで、「女帝の時代」は終わります。強引とも言える孝謙天皇のあり方に振り回されていた男達は、ほっとしたでしょう。孝謙天皇は、自分の後継者を誰とも指名せずに死んだので、男達は改めて後継者の選定にかかります。そうして選ばれたのが天智天皇の孫で、孝謙天皇とは母を異にする姉の井上《いのえ》内親王を妻とする光仁《こうにん》天皇です。井上内親王がこの夫を嫌い、自分の生んだ他戸《おさべ》親王を天皇にしようとして、夫の呪殺を企んだことは、既に語りました。

女帝の時代は終わっても、まだまだ「騒がしい女達」は登場します。系図11は、孝謙天皇の即位後に起こった政争事件で「敗者」となった人間達のいる系図です。非常に多くの騒動があって、そこに女達はしっかりからんでいます。それが「女帝の時代以後」です。

やたらと入り組んだこの系図には、ある一つの見方があります。藤原不比等の四人の息子——南家、北家、式家、京家とあった四つの家筋の内の三つが、×印のついた女性で終わっているということです。式家は、平城上皇とのスキャンダルを起こした藤原薬子《くすこ》で。南家は、桓武天皇との間に伊予《いよ》親王を生んだ藤原吉子《よしこ》で。京家は、井上内親王と母を同じくする不破《ふわ》内親

《系図11　孝謙天皇以後の時代を騒がせた人間達》

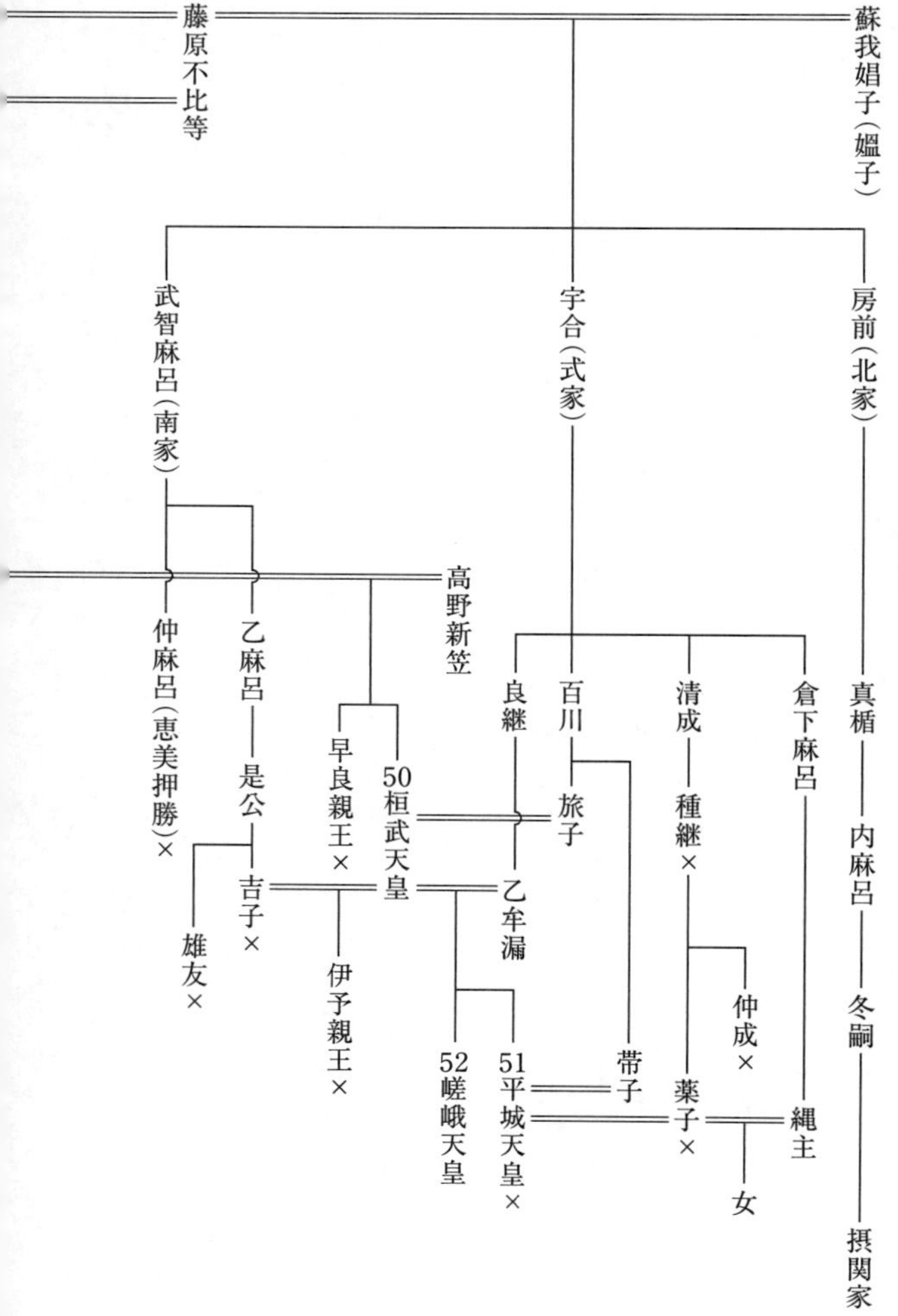

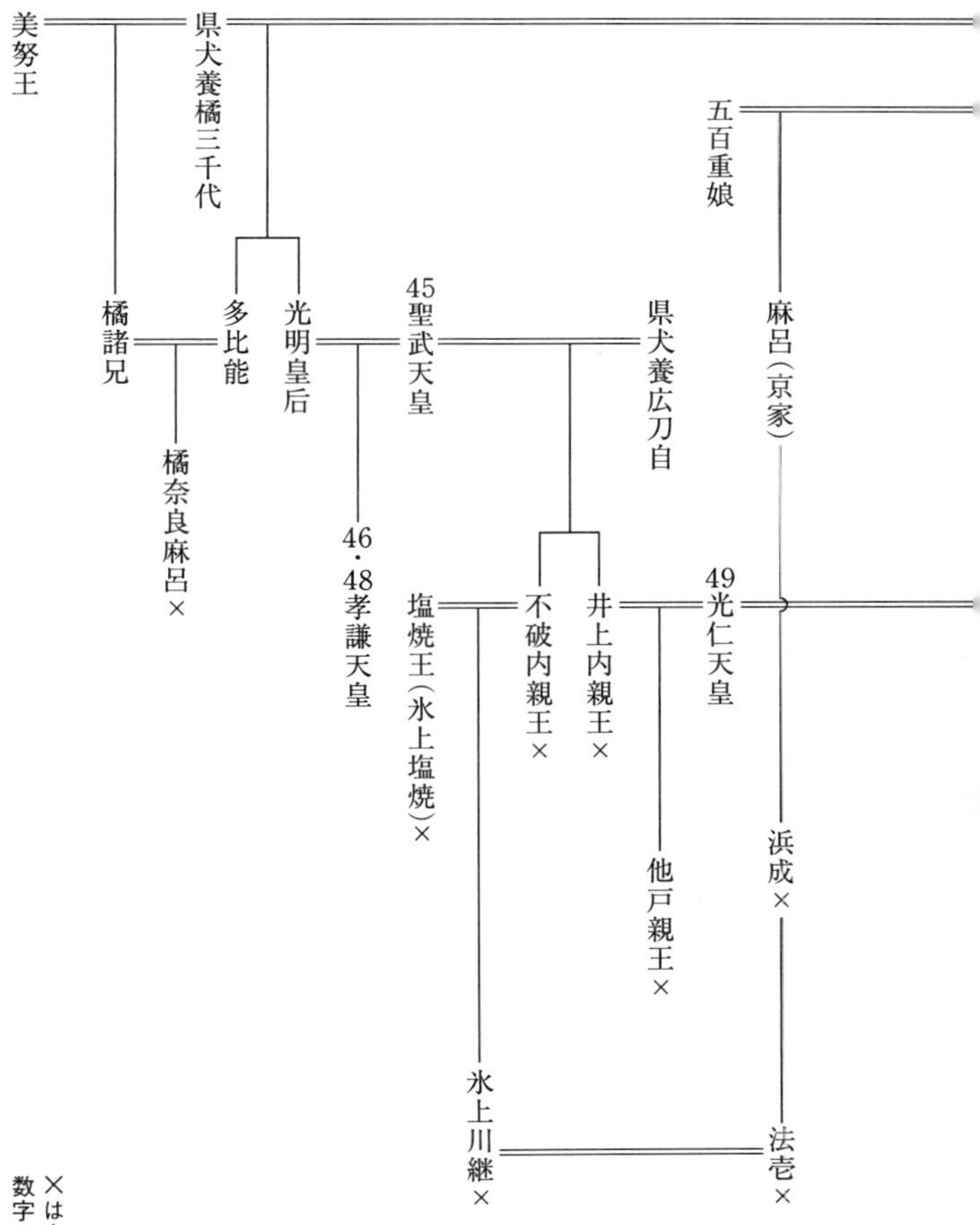

×は皇統途絶
数字は天皇の代数

王の子――氷上川継《ひかみのかわつぐ》の妻となった、藤原浜成《はまなり》の娘法壱《ほういち》で。それで三つの家系が絶えたというわけではありませんが、その段階で勢いを失います。平安時代は、この頃のスキャンダルとは唯一無縁だった藤原北家が「摂関家」という家筋を作る全盛時代です。

持統天皇に仕えた「忠なる男」――藤原不比等の頃から、藤原氏は女性心理を読むのに長《た》けた不思議な一族でもあります。そして、北家以外の藤原三家は、その女の操り方を間違えた――だからこそ北家は「娘の管理」をしっかりやって、王朝文化の全盛期を作り上げることが出来たのかもしれません。摂関政治の時代の「后になった藤原氏の娘達」は、みんな父親に忠実で、父親のためによく働いたのです。だから「美しい存在の影」ばかりあって、彼女達に「人としての印象」は希薄です。女帝の時代と、その影響下にあった時代の女達は、それぞれに「人」として明確で、だからこそとても「現代的」なのです。

◎女帝の時代はなぜ終わったのか

その、あまりにも人間的な女帝の時代は、なぜ終わったのでしょう。推古、皇極＝斉明、持統、元明、元正、孝謙＝称徳と、六人の女帝がいて、女帝達の時代が続く内に、いつか微妙な変化が、彼女達の内に訪れていました。

「天皇が男であらなければならない理由はない」というところで女性天皇は登場して、男と比べて遜色《そんしょく》のない――そのような比較自体が無意味な有能な女性天皇が続いて、そうする内に、いつの間にか彼女達は「女性天皇を戴いてその周囲に存在する男達の姿」が見えなくなって行きます。女性天皇は、「天皇である自分とその周辺」ばかりに目を向けて、その周囲にある「男達とのズレ」を意識しなくなります。その傾向は、持統天皇から始まって、橘奈良麻呂の乱を発生させる孝謙天皇と光明皇太后の時代で、もう歴然となります。「引退」を当然とされる孝謙天皇のように、「女性差別」は、やはり隠れて歴然とあるのですが、もしかしたら、女帝の時代が終わってしまった理由は、もっと単純なものかもしれません。

男にとって「女の心理」がむずかしいのと同様に、女にとっても「世の中を構成している男達の心理」は難解だということです。女が上に立って、「世の中を構成している男達」のことを、「なんてバカなのかしら」と思ってしまえば、その時から彼女は「エゴイスティックな権力者」になります。そして、「女だって権力を手にしていいんだ」という、その「エゴイスティックな理解」が女達の間に当たり前に広がって行けば、世の中はいくらでも騒がしくなるでしょう。もしかしたら、それは現代にも通用する「真理」であるのかもしれません。

おわりに

この本は、私の「長い長い小説」である『双調平家物語』の副産物です。ただの『平家物語』の上に「双調」の二文字がくっついたがために、「平家の物語の前段」がやたらと長くなったのですが、長くなった「前段」の中核をなすのが、ここに書いた「女帝の時代」の物語です。

初めはその「前段」を長く続けるつもりもなかったのですが、あまりにも「おもしろい話だらけ」で、しかもこれがどういうわけか「あまり知られていない」という状態だったので、「ええい、行っちまえ」ということになったのです。

私にすれば、こういうおもしろい事実があり、こういう興味深い人間達が日本の古代史を作っていたということをもっと知ってもらいたかったのです。なにぶんにも書いているものが『平家物語』であるので、そこばかりに興味を集中させているわけにもいきません。

私にしてみれば、日本の古代というのは、「女帝の時代」があり、やがて「摂関政治の后の時代」となり、「男の欲望全開の院政の時代」となって、そして「争乱の時代」が訪れるという、三段あるいは四段構えになっているのですが、「平家の壇の浦で滅亡するまでの平家の物語」ということになると、このすべてが一まとめになって、ひたすらに「長い長い物語」にしかなりません。それで、こういう『日本の女帝の物語』を書いたのです。

言ってみればこの本は『双調平家物語』のダイジェストでスピンオフです。「もっと詳しいことを知りたいと思われたら、私の『双調平家物語』を読んで下さい」と言えばいいのです。詳しくなって、話が膨大になれば、焦点が合わなくなって、なにがなんだか分からなくなります――そう思って私は、別に「双調平家物語ノート」というサブタイトルの付いた『権力の日本人』と『院政の日本人』という二冊の本を書きましたが、膨大な話をギューギュー詰めにすると、「テンコ盛りで難解な本」にもなります。それで「そちらを読めばもっと詳しいことが分かります」とも申し上げずらいことにはなっております。

「この本で書かれているようなことがどこに書かれているのか」ということになると、私は『日本書紀』と『続日本紀』の二つを読んで、「ああか？　こうか？」と考えただけなので、それをご承知になりたかったら、私の読んだ小学館版日本古典文学全集の『日本書紀一―三』と岩波書店版新日本古典文学大系の『続日本紀一―五』をお読みいただければよいのですが、どちらも「読みやすい」とは言いがたい本なので、それをご紹介することにどれほどの意味があるのかは分かりません。

これ以上話を続けてもグルグル回りになるのでやめますが、ここに書かれていることは、大筋で「本当のこと」ばかりです。事実というのは、バラバラになったガラス玉で、それに糸を通さないと「バラバラになる以前のネックレス」は復元出来ません。この本が少し変わっている本であるのなら、私のその「事実」に対する糸の通し方が少しばかり独特であるというだけですが、でも、糸を通さないと、バラバラなものはバラバラなだけなのです。そのことばかりはご了解下さい。

橋本 治（はしもと おさむ）

一九四八年、東京生まれ。東京大学文学部国文科卒業後、小説、評論、戯曲、エッセイと幅広く文筆活動を展開する。『古事記』『源氏物語』『枕草子』『平家物語』といった古典の圧倒的現代語訳を著している。そのほかに『宗教なんかこわくない！』で新潮学芸賞、『「三島由紀夫」とはなにものだったのか』で小林秀雄賞、『蝶のゆくえ』で柴田錬三郎賞を受賞。

日本《にほん》の女帝《じょてい》の物語《ものがたり》

二〇〇九年八月二三日 第一刷発行

集英社新書〇五〇六B

著者……橋本《はしもと》 治《おさむ》

発行者……大谷和之

発行所……株式会社集英社

東京都千代田区一ツ橋二-五-一〇 郵便番号一〇一-八〇五〇

電話 〇三-三二三〇-六三九一（編集部）

〇三-三二三〇-六三九三（販売部）

〇三-三二三〇-六〇八〇（読者係）

装幀……原 研哉

印刷所……大日本印刷株式会社 凸版印刷株式会社

製本所……加藤製本株式会社

定価はカバーに表示してあります。

ISBN 978-4-08-720506-0 C0236

Printed in Japan

a pilot of wisdom

a pilot of wisdom

VANストーリーズ　宇田川　悟
人道支援　野々山忠致
ニッポン・サバイバル　姜　尚中
鷲の人、龍の人、桜の人　米中日のビジネス行動原理　キャメル・ヤマモト
ロマンチックウイルス　島村麻里
黒人差別とアメリカ公民権運動　J・M・バーダマン
その死に方は、迷惑です　本田桂子
政党が操る選挙報道　鈴木哲夫
テレビニュースは終わらない　金平茂紀
ビートたけしと「団塊」アナキズム　神辺四郎
王様は裸だと言った子供はその後どうなったか　森　達也
銀行　儲かってます！　荒　和雄
プロ交渉人　諸星　裕
自治体格差が国を滅ぼす　田村　秀
フリーペーパーの衝撃　稲垣太郎
新・都市論TOKYO　隈　研吾　清野由美
「バカ上司」その傾向と対策　古川裕倫

日本の刑罰は重いか軽いか　王　雲海
里山ビジネス　玉村豊男
フィンランド　豊かさのメソッド　堀内都喜子
B級グルメが地方を救う　田村　秀
ファッションの二十世紀　横田一敏
大槻教授の最終抗議　大槻義彦
野菜が壊れる　新留勝行
「裏声」のエロス　高牧　康
悪党の金言　足立倫行
新聞・TVが消える日　猪熊建夫
銃に恋して　半沢隆実
代理出産　大野和基
マルクスの逆襲　三田誠弘
ルポ　米国発ブログ革命　池尾伸一
今日よりよい明日はない　玉村豊男
日本の「世界商品」力　嶌　信彦
公平・無料・国営を貫く英国の医療改革　武内和久　竹之下泰志

ヒエログリフを愉しむ	近藤二郎
ローマの泉の物語	竹山博英
女性天皇	瀧浪貞子
僕の叔父さん 網野善彦	中沢新一
太平洋――開かれた海の歴史	増田義郎
アマゾン河の食物誌	醍醐麻沙夫
フランス反骨変人列伝	安達正勝
ハンセン病 重監房の記録	宮坂道夫
幕臣たちと技術立国	佐々木譲
武田信玄の古戦場をゆく	安部龍太郎
巷談 中国近代英傑列伝	陳舜臣
勘定奉行 荻原重秀の生涯	村井淳志
世界中を「南極」にしよう	柴田鉄治
江戸の妖怪事件簿	田中聡
紳士の国のインテリジェンス	川成洋
沖縄を撃つ！	花村萬月
反米大陸	伊藤千尋
ハプスブルク帝国の情報メディア革命	菊池良生
大名屋敷の謎	安藤優一郎
イタリア貴族養成講座	彌勒忠史
陸海軍戦史に学ぶ 負ける組織と日本人	藤井非三四
在日一世の記憶	小熊英二 姜尚中 編
徳川家康の詰め将棋 大坂城包囲網	安部龍太郎
「三国志」漢詩紀行	八木章好

集英社新書　好評既刊

ホビー・スポーツ——H

将棋の駒はなぜ40枚か　増川宏一
パリ二十区の素顔　浅野素女
トイレのお仕事　松永はつ子
駅弁学講座　林　順信／小林しのぶ
猫のエイズ　石田卓夫
板前修業　下田　徹
囲碁の知・入門編　平本弥星
自由に至る旅　花村萬月
統一コリアのチャンピオン　高　賛侑
ケーキの世界　村山なおこ
進化する日本サッカー　忠鉢信一
イチローUSA語録　D・シールズ編
賭けに勝つ人 嵌《はま》る人　松井正就
メジャー野球の経営学　大坪正則
マティーニを探偵する　朽木ゆり子
加賀百万石の味文化　陶　智子
mamboo《マンボー》流大釣りの極意　坂井　廣
日本の食材 おいしい旅　向笠千恵子
チーズの悦楽十二カ月　本間るみ子
早慶戦の百年　菊谷匡祐
温泉♨法則　石川理夫
増補版猛虎伝説　上田賢一
スペシャルオリンピックス　遠藤雅子
踊りませんか？　浅野素女
ネコと暮らせば　野澤延行
両さんと歩く下町　秋本　治
スポーツを「読む」　重松　清
豪快にっぽん漁師料理　野村祐三
流星の貴公子 テンポイントの生涯　平岡泰博
よみがえる熱球——プロ野球70年　林　新
必携！ 四国お遍路バイブル　横山良一
サッカーW杯 英雄たちの言葉　中谷綾子アレキサンダー
紐育《ニューヨーク》 ニューヨーク！　鈴木ひとみ

a pilot of wisdom

田舎暮らしができる人　できない人　玉村豊男
自分を生かす古武術の心得　多田容子
スーツの適齢期　片瀬平太
掃苔しましょう　小栗結一
10秒の壁　小川　勝
手塚先生、締め切り過ぎてます！　福元一義
バクチと自治体　三好　円

a pilot of wisdom

集英社新書　好評既刊

マルクスの逆襲
三田誠広　0494-B

世界経済が破綻した今こそ、マルクスの出番!?時代の熱狂を体験した作家がマルクスの仕掛けた謎を読み解く。

バクチと自治体
三好 円　0495-H

自治体が「胴元」となる公営ギャンブルに着目し、戦後日本社会の活力と矛盾を描き出すユニークな社会史。

ルポ米国発ブログ革命
池尾伸一　0496-B

既存メディアよりもブログやSNSなどの個人発メディアが強い影響力を発揮している米国の現状をルポ。

日本の「世界商品」力
嶌 信彦　0497-B

日本経済復活の鍵はクール・ジャパン現象にあり。アニメ、和食、環境技術…。再成長のエンジンを提言。

今日よりよい明日はない
玉村豊男　0498-B

反グローバリズム、地産地消の精神を唱える著者が、成熟した社会に生きる日本人によりよい生き方を提言。

中国の異民族支配
横山宏章　0499-A

孫文をはじめ、中国近現代史の重要人物の言葉を検証し、現在も続く中国の異民族支配の論理をあぶりだす。

江戸のセンス
荒井 修／いとうせいこう　0500-F

扇子職人であり江戸庶民文化の生き証人でもある荒井修の膨大な知識を案内人いとうせいこうが引き出す。

振仮名《ふりがな》の歴史《れきし》
今野真二　0501-F

『日本書紀』からサザンオールスターズまで。日本語表現の強力なサポーター、振仮名の本邦初の解説書！

公平・無料・国営を貫く英国の医療改革
武内和久／竹之下泰志　0502-B

崩壊寸前から復活を遂げた英国の医療改革の全貌を紹介、日本の医療制度改革へ向けた具体策を提言する。

俺のロック・ステディ
花村萬月　0503-F

一九六〇～七〇年代のロック黄金期を俯瞰するガイドブックにして、初心者も通も必読の萬月流ロック論。

既刊情報の詳細は集英社新書のホームページへ
http://shinsho.shueisha.co.jp/